KNAUR

*Von Sina Trinkwalder sind bereits folgende Titel erschienen:*
Wunder muss man selber machen
Fairarscht
Zukunft ist ein guter Ort

*Über die Autorin:*
Sina Trinkwalder, Jahrgang 1978, studierte Politik und Betriebswirtschaft an der Ludwig-Maximilians-Universität in München. Nach erfolgreichem Studienabbruch arbeitete sie über zehn Jahre als Geschäftsführerin ihrer eigenen Werbeagentur, bis sie 2010 manomama gründete, das erste textile Social Business in Deutschland. Für ihr ökologisches und soziales Engagement wurde sie mit zahlreichen Preisen ausgezeichnet.

SINA TRINKWALDER

# IM NÄCHSTEN LEBEN IST ZU SPÄT

Ärmel hochkrempeln,
Probleme lösen, glücklich sein

KNAUR

**Besuchen Sie uns im Internet:**
**www.knaur.de**

Aus Verantwortung für die Umwelt hat sich die Verlagsgruppe Droemer Knaur zu einer nachhaltigen Buchproduktion verpflichtet. Der bewusste Umgang mit unseren Ressourcen, der Schutz unseres Klimas und der Natur gehören zu unseren obersten Unternehmenszielen. Gemeinsam mit unseren Partnern und Lieferanten setzen wir uns für eine klimaneutrale Buchproduktion ein, die den Erwerb von Klimazertifikaten zur Kompensation des $CO_2$-Ausstoßes einschließt. Weitere Informationen finden Sie unter: www.klimaneutralerverlag.de

FSC® www.fsc.org MIX Papier aus verantwortungsvollen Quellen FSC® C083411

Vollständige Taschenbuchausgabe März 2021

Ein Imprint der Verlagsgruppe
Droemer Knaur GmbH & Co. KG, München

Redaktion: Nadine Lipp
Covergestaltung: total italic, Thierry Wijnberg
Coverabbildung: Shutterstock.com/Olga_Angelloz
Satz: Adobe InDesign im Verlag
Druck und Bindung: CPI books GmbH, Leck
ISBN 978-3-426-78932-2

2 4 5 3 1

*Für meinen Matjes.*
*Für Hendrik.*

# Inhalt

**ANFANG**

# Vorwort

Montag. Wieder ein Montag. Der Tag in der Woche, der nicht den besten Ruf genießt. Genau genommen kann der Tag nichts für sein schlechtes Image. Wir aber sind es gewohnt, stets für Unangenehmes einen Schuldigen zu finden, und passen auf, möglichst selbst nicht schuldig zu sein.

Dieser Wochenbeginn erschien mir daher umso geeigneter, um mit ihm zu machen, was ich mittlerweile für absolut notwendig erachte und vor wenigen Jahren für völlig überflüssig hielt: einen Tag nach allen Regeln der Kunst zu verbummeln. Und dazu auch noch: einen Montag!

Faul sein. Nichts tun. Rein gar nichts. Denken vielleicht. Sicherlich aber: atmen. Dazu hatte ich mir einen der schönsten Flecken Erde ausgesucht: einen alten, rostigen Drahtsessel. Er stand auf der grau-weiß gefliesten Terrasse meiner Gasteltern Uli und Alice, inmitten ligurischer Hügel, unter drei Orangenbäumen. Im Stehen sah ich nur Blätter und fast reife Früchte, im Sitzen jedoch offenbarte sich der Anblick, den es für mich braucht, um mich freiwillig dem Dolcefarniente zu widmen: das Meer. Mein geliebtes Wasser. Und dazu ein Glas eisgekühlter Wein.

Zugegebenermaßen war es nicht ganz »freiwillig«, dass ich einen Hangover-Tag einschob. Ein klitzekleines bisschen zwang mich auch mein heftiger Muskelkater dazu. Am Vortag war ich knapp siebzehn Kilometer runter nach

Imperia und wieder rauf gelaufen. Nach vierwöchiger Joggingpause.

Ich nippte an dem Glas, blinzelte in die Sonne und fing an zu kichern. Grund dafür war der Gedanke, dass ich noch vor einem Jahr Bewegung im Allgemeinen und das Laufen im Speziellen für »völlig bescheuert«, vergeudete Kraft und nur etwas für Menschen mit zu viel Tagesfreizeit hielt. Leidenschaftlich Rennrad fahren? Absolut undenkbar! Und heute? Heute werde ich ungemütlich, wenn meine geliebten Laufschuhe nicht täglich Frischluft bekommen. Oder wenn ich nicht wenigstens hin und wieder eines meiner Räder ausführe.

Die obligatorische Erkältung dank des zähen bayerischen Winters hat mich lange aussetzen lassen, und so war es geradezu vorhersehbar, dass ich beim erneuten ersten Lauf nicht nur alles geben würde, sondern auch hart im Nehmen sein müsste. Schließlich habe ich mir die Strecke vorgenommen. Und, wie immer, würde ich durchziehen, was ich mir vornahm.

»Hat sich nicht geändert«, murmelte ich vor mich hin. »Dein elender Dickschädel!« Dann jedoch kam ich ins Grübeln: Alles andere aber hat sich verändert. Außer meinem sturen Kopf war alles, äußerlich wie innerlich, Vergangenheit. Die Sina von früher gab es nicht mehr. Oder, richtig formuliert: Die dicke, schreiende Karrierefrau mit dem eisernen Willen, die zufälligerweise denselben Namen trug wie ich, existierte nicht mehr.

Den Grund dafür verstanden nur die wenigsten in meinem Umfeld. »Was willst du ändern? Du bist unterm Kronleuchter geboren«, bekam ich stets zu hören. Oder aber: »Erfolgreiche Firmen, tolle Familie, schöne Urlaube, top of the top! Du lebst das, was wir alle noch erreichen möchten!«

Niemand sah, dass ich unglücklich war. Am wenigsten erkannte dies die dicke, schreiende Frau selbst. Die nämlich war im Grunde zufrieden mit dem, was sie hatte. Nur nicht mit dem, was sie war. »Vielleicht bin ich überhaupt nicht, wer ich bin!«, dachte ich mir. Und weiter: »Wenn ich nicht die bin, die ich lebe, wer bin ich dann?«

Viel bedrückender als die Erkenntnis, selbst nicht zu wissen, wer man ist, war die Tatsache, mit niemandem darüber sprechen zu können. Der einzig wirklich Vertraute, mein Ex-Mann, war einige Monate vorher aus der gemeinsamen Wohnung und somit aus meinem Leben gezogen. Und bei allen anderen mehr oder weniger engen Freunden, die nach einer sauberen Karriere noch übrig geblieben waren, wäre meiner Krise in Zeiten des allgegenwärtigen Achtsamkeitsmarketings und nach Blockbustern wie »Eat, Pray, Love« sicherlich mit dem gut gemeinten Ratschlag begegnet worden, es doch mal mit dem Ausmalen von Mandalas zu versuchen. Auch wenn ich eine große Unsicherheit verspürte, war ich in einem absolut sicher: Es ging mir nicht darum, Sinn in meinem Leben zu finden. Ich musste mein Leben finden. Nicht das der dicken, schreienden Frau. Sondern das von Sina. Meines. Um mich zu finden. Denn im nächsten Leben wäre es zu spät.

Zwei Jahre lang dauerte meine Reise zu mir selbst. Vierundzwanzig lange Monate benötigte meine doppelte Häutung, die ich still und leise neben meinem Alltag voller Verpflichtungen als Mutter und mit dem proppenvollen Terminkalender einer engagierten Unternehmerin vollzog. Verabschiedete ich mich einst bereits gedanklich vom Erfolg und von meiner Karriere, sind beide heute steter denn je. Meine Kraft hat sich verdoppelt, und der Spaß am Machen ist ungebrochen. Heute bin ich zufrieden mit dem, was ich bin. Denn heute weiß ich, wer ich bin. Und, vor allem, was ich bin: glücklich.

Glücklich sein kann jeder, wenn er dort beginnt, wo das Glück seinen Ursprung hat: beim Suchen und Finden seiner selbst. Es ist einfach, aber es wird nicht leicht. Am Ende wartet jemand auf dich, den du lieben wirst: du selbst. Also Ärmel hoch, Probleme lösen und glücklich sein. Denn: Im nächsten Leben ist zu spät.

# ENDE

*Es gibt nur einen Grund,*
*der das Unglücklichsein erklärt:*
*man selbst.*

# 1

# WUNSCHLOS UNGLÜCKLICH

Es gibt sie, diese seltenen Sonnenkinder, die beim Chinesen um die Ecke lieber eine Extraportion Krabbenchips futtern, als einen Glückskeks zu knacken. Sie lassen ihn abgeklärt links liegen. Und dann gibt es die anderen: Sie entfernen vorsichtig die Plastikfolie und spielen bereits beim Aufbrechen des morschen Teigs mit dem Gedanken, dieser eine kleine Satz auf dem Papierfetzen würde diesmal bestimmt die Kraft besitzen, etwas Unveränderliches zu verändern.

Die Sonnenkinder hingegen brauchen das Glückskeks-Lotto nicht. Augenscheinlich fliegt ihnen alles zu, jede Hürde nehmen sie mit Leichtigkeit und Anlauf in ungeahnte Höhen. Oben angekommen, zücken sie die Sonnenbrille, fahren sich galant durchs Haar und fliegen einfach weiter, während am Boden immer mehr Augen, neidische wie anerkennende, ihre Kunststücke begleiten. Sie sind immer zur richtigen Zeit am richtigen Ort, ergreifen jede Chance, und bietet sich ihnen einmal keine, schaffen sie sich eine. Sie haben ein Gelinggarantie-Dauerabo und scheinen in frühester Kindheit in den Talente- und Zauberkrafttrunkkessel gefallen zu sein. Sie sind beruflich wie privat sehr erfolgreich, kennen die Lösung bei jedem Problem und laufen mit einer bewundernswerten Gelassenheit durchs Leben. Das Ganze geschieht vom frühen Morgen bis in den späten Abend mit einer außerordentlich guten Laune. Kurz: Sie sind eklig. Widerlich. Sie sind, wie wir sein wollen. Wie jeder sein möchte. Wie ich sein wollte.

Ich war es aber nicht. Ich war diejenige, die ihren Glückskeks öffnete und, unzufrieden über den Spruch, einen zweiten verlangte. Manchmal auch einen dritten. Nicht selten habe ich alle, die auf dem Tisch übrig blieben, geöffnet, bis eine Prophezeiung einigermaßen »passte«. Ich war diejenige, die tagtäglich versuchte, mit dem Kopf durch die Wand zu gehen, ohne sich dabei einen Dachschaden zu holen. Hürden übersprang ich nicht, sondern ich rannte sie mit aller Kraft und unter Einsatz meines nicht unerheblichen Kampfgewichts und mit übermäßigem Schlachtgebrüll um. Ich war diejenige, die schon morgens gar nicht mal so gute Laune hatte, und ihre schlechte spätestens abends hinter einem Lachen versteckte. Ich war diejenige, die sich nichts schenkte. Am wenigsten Aufmerksamkeit. Geduld schrieb ich mit hartem »t«, und Gelassenheit konnte ich nicht buchstabieren. Am wichtigsten aber: Ich war diejenige, der man niemals zugetraut hätte, dass sie mit ihrem Leben nicht zufrieden war. Mehr noch: dass sie wunschlos unglücklich war.

Schließlich war mein Leben, von außen betrachtet, alles andere als ein Scheiterhaufen. Beruflich legte ich eine zehn Jahre währende Selfmade-Karriere als erfolgreiche Geschäftsführerin einer Werbeagentur ad acta, um mit einunddreißig Jahren meinem Drang nach sozialer Gerechtigkeit nachzugehen und meine persönliche Vorstellung von Sinnfindung innerhalb der Arbeitswelt zu leben. Ich gründete das Social Business manomama. Eine Firma für alle Menschen, die, aus den absurdesten Gründen, auf dem ersten und zweiten Arbeitsmarkt niemand sehen und beschäftigen wollte: Die einen waren »nur« zu alt, die anderen zu gehandicapt. Die dritten hatten zu viele Kinder und zu wenige Partner, die vierten trugen einen Namen, den der gemeine Personaler nicht aussprechen konnte. Bei manomama jedoch wurde aus den »Übriggebliebenen« eine wundervolle Einheit, ein starkes Team, und gemeinsam legten wir den Grundstein für eine beispiellose Erfolgsgeschichte.

Bereits nach kürzester Zeit war meine Unternehmung in aller Munde, sie wuchs konstant, und es häuften sich Auszeichnungen und Preise. Mein Projekt wurde gekürt, von Lesern angesagter Lifestylemagazinen bis hin zur Bundesregierung. Letztere verlieh mir sogar den »Social Entrepreneur der Nachhaltigkeit«, und über Nacht wurde ich, völlig ungeplant, zum Vorzeigeunternehmer, weiblich, des Landes. Selbst die altehrwürdige SPD honorierte meine soziale Art der Wirtschaft mit dem Innovationspreis und übergab mir eine Trophäe, die mir im Moment der Entgegennahme mein eigenes Dilemma vor Augen führte. Der Preis war eine aus Plexiglas gesägte Deutschland-Silhouette auf einem Glassockel montiert. Mitten durchs Herz, also mitten durch den Harz, bohrte sich ein pfeilspitzer Eisenspeer. Ich wusste nicht, ob ich weinen oder lachen sollte. Bei allem feierlichen Rahmen und freudigen Anlass kam dank der Symbolik des Preises keine rechte Freude auf. Exakt dasselbe Gefühl beschlich mich, als ich über meine persönliche Situation reflektierte: Erneut durchgestartet und eine Karriere hinter mir gelassen, um Gutes zu tun, erklomm ich schon wieder die Erfolgsleiter. Diesmal wenigstens eine Karriere mit Sinn.

Eigentlich gab es viele Gründe zur Freude, aber irgendein rostiger Nagel in meinem Herzen ließ mich keine Zufriedenheit verspüren. »Warum hast du denn nichts gesagt?«, wird mein bester Freund Jürgen zwei Jahre später fragen.

Was hätte ich sagen sollen? Hätte ich eine sozialwissenschaftliche Erklärung liefern sollen? Schließlich ging ich zum damaligen Zeitpunkt davon aus, dass der Grund meines Unglücklichseins überall liegen kann, aber sicherlich nicht bei mir. Hätte ich sagen sollen: Ich bin eine der erstgeborenen Millennials (Generation Y) oder eine der Letztgeborenen aus der Generation X, und, wie es sich für diese Zielgruppen dank jahrelanger Analyse erfahrener Wissenschaftler gehört, grundlos unzufrieden und permanent unglücklich? Mein Freund Jürgen hätte es mir nicht geglaubt, da auch er, so vertraut er mir war und ist, mir niemals die Rolle der unglücklichen Karrierefrau abgenommen hätte.

Es war irgendwann im Frühjahr vor drei Jahren, als ich einen Artikel in einem Psychologie-Blog gelesen habe. »Millennials – die Generation der Unglücklichen« lautete ungefähr die Überschrift. Sofort war mein Interesse geweckt. Schließlich wusste ich als ehemalige Werberin, wie man strategisch Probleme löst: Bedürfnis ermitteln, Zielgruppe definieren, Strategie aufsetzen, Maßnahmen planen, Umsetzung durchführen. Und mein Bedürfnis war, wie jedermanns, das Glücklichsein. Ohne Glückskekse als Überbrückungskabel.

In dem Artikel wurde erklärt, warum die Generation Y, zu der mich Sozialwissenschaftler per definitionem gerade noch so dazuzählten, so grundlos unzufrieden ist. Der Autor bediente sich eines mir eindrücklichen Bildes, mit dem er die »Problematik« der Generation beschrieb: das wunschlose Unglücklichsein. Er schrieb, die Babyboomer-Generation habe noch eine strenge Erziehung erfahren, schließlich wurden ihre Eltern durch Not und Mangel in und nach der Kriegszeit geprägt. Die Kinder der Babyboomer wiederum seien in eine materielle und gesellschaftliche Fülle hineingeboren worden. Während die Babyboomer einen steinigen Weg mit vielen Restriktionen und gesellschaftlichen Hürden ins Erwachsensein nehmen mussten, hätten die Millennials von Kindheit an eine saftige Wiese genießen dürfen. Es habe der Generation Y an nichts gefehlt. Gleichzeitig mussten sie sich nichts erarbeiten, alles sei ihnen in den Schoß gefallen. Und alles andere hätten die Eltern für ihre Sprösslinge organisiert.

Simon Sinek, ebenfalls Autor, sprach im *Independent* von »failed parenting strategies«, bayerisch würde man sagen: »rotzverzogene Gören«. Und der Soziologe Harald Welzer formulierte die Unbeweglichkeit der Generation Y so: »Talkshowkonsum und Dagegensein ist eingeübt, Konfliktfähigkeit nicht mehr existent. Überspitzt gesagt, müssen die ja direkt wieder lernen, auf der Straße zu demonstrieren und ihren Arsch zu bewegen.«

Das Resultat: Die Millennials seien wegen der unzähligen Möglichkeiten und Chancen, die ihnen das Leben bot, unsicher, unbeweglich, unzufrieden, unglücklich geworden. Sie könnten sich schlicht nicht für etwas entscheiden. Wohl aber gegen vieles sein. Sie könnten sich nicht über die saftige Wiese freuen, sondern beklagten das Fehlen der Blumen. Sich selbst dabei um Flora und Fauna des Lebens zu kümmern wäre jedoch außerhalb der Möglichkeiten dieser Generation, da sie es nie gelernt habe, sich etwas zu erarbeiten. Während die Eltern der Generation Y für ihren Erfolg und materiellen Wohlstand in den 1970ern bis 1990ern mehr als hart gearbeitet hätten, glaubten die GYPSYS (»GenY Protagonists & Special Yuppies«, so werden die Yuppies der Generation Y auch genannt), dass sie irgendwann auch sehr erfolgreich würden. Wie ihre

Eltern eben. Nur ganz ohne Arbeit. Für Millennials sei es nichts anderes als eine Frage der Zeit. Schließlich wurde ihnen von Anbeginn erzählt, sie seien etwas ganz Besonderes.

An diesem Punkt beendete ich meine Generation-Y-Recherche im Netz. Aus zwei Gründen. Der erste Grund war die Erinnerung an eine Soziologiestudentin, die ich nach einem Kongress auf dem Beifahrersitz vierhundert Kilometer mit in den Süden und direkt zu ihrem Auto kutschiert hatte, das an einem Bahnhof stand. Sie war mit ihren Ende zwanzig klarer Repräsentant der Millennials, wie ich nach meiner kurzen Recherche im Nachhinein erkannte. Obwohl sie bereits ein (von den Eltern!) bezahltes Zugticket hatte, fragte sie mich nach einer Mitfahrgelegenheit, da es »bequemer« und schneller sei. Ich nahm sie mit, was ich jedoch keine halbe Stunde später bereute. Vier lange Fahrtstunden jammerte die junge Studentin mir die Hucke voll, wie desolat ihr Leben und wie – »unglücklich« – sie sei. Ihre Fernbeziehung (wir sprachen von achtzig Kilometern!) würde ihr zu schaffen machen, ebenso wie die endlosen Mühen ihrer Masterarbeit. Der einzige Lichtblick wäre in letzter Zeit das Auslandssemester gewesen – auf den Kanaren. »Wir haben so viele Chancen und so wenige Steine im Weg, da können wir das Scheitern nie üben«, klagte sie. »Und deshalb machst du nichts, sondern studierst dich in die Rente?«, fragte ich provokant. »Irgendwann werde ich schon meinen Platz finden«, antwortete sie. Generation faule Jammerlappen bei absoluter Überqualifizierung und finanzieller Sicherheit dank Mama und Papa, dachte ich.

Der zweite Grund, meine Analyse der Millennials einzustellen, war, dass ich im Vergleich zu diesen GYPSYS sehr wohl wusste und weiß, dass eine Karriere, ein Erfolgreichsein, ein »Etwas-Erreichen« niemandem in den Schoß fällt, sondern die berühmte Mischung aus zehn Prozent Inspiration und neunzig Prozent Transpiration ist. Eine ordentliche Karriere kostet sehr viel Kraft, Engagement, Zeit, Schweiß und Tränen. Erfolg passiert nicht einfach so. Nicht einmal einem Millennial, selbst wenn er sich für etwas ganz Außergewöhnliches hält.

Das war wohl der größte Unterschied, den ich bemerkte: Ich war nichts Besonderes und ich hielt und halte mich nicht für besonders. Ich war immer nur fleißig. Und geschäftstüchtig. Mir blieb nichts anderes übrig. Mit dreizehn Jahren begann ich für die Lokalzeitung zu schreiben, mit fünfzehn zog ich aus dem elterlichen Haus und bestritt mit Zeilengeld und Fotopauschalen meine Miete und meinen Lebensunterhalt. Weil es nicht immer reichte, kellnerte ich mittwoch- und sonntagabends in einem Musikclub. Nicht selten blieb ich der Schule fern, weil ich zu müde war. Oder Zeitungstermine hatte. Meine Lehrer drückten in der Kollegstufe oftmals ein Auge zu, da sie wussten, dass ich hart arbeitete. Schließlich konnten sie es täglich lesen.

Während andere nach dem Abitur jahrelang das Studentendasein genießen konnten, fing für mich die Arbeit direkt am Tag nach der Zeugnisausgabe an. Auf dem Einwohnermeldeamt besorgte ich mir einen Gewerbeschein und legte somit den Grundstein für meine erste Karriere als Werberin. Je länger ich meinen Werdegang in jungen Jahren durchdachte, umso mehr wurde mir klar: Ich bin kein Millennial. Und trotzdem unglücklich.

Ganz strategisch ging ich mit meinen Recherchen eine Generation zurück. Wenn ich schon kein erstgeborener Millennial bin, dann vielleicht das Nesthäkchen der Generation X, dachte ich mir und fand schon nach kurzem Informieren über diese soziografische Zielgruppe den Haken. Die Generation X hatte überhaupt keine Zeit, um unglücklich zu sein. Darf man den zahlreichen Publikationen rund um diese Generation, auch Generation Golf genannt, glauben, pflegen die klassischen Repräsentanten ihren hausgemachten Burnout, den sie sich beim permanenten Fortkommen ihrer eigenen Karriere eingefangen haben, während sie ihren Kindern noch mehr Tempo abfordern und Leistungsdruck unter dem Deckmantel der »frühkindlichen Förderung« ausüben. Nach all den Nachforschungen war ich in drei Punkten sehr sicher: Ich bin kein Millennial, ich bin keine aus der Generation X, ich bin nach wie vor wunschlos unglücklich.

Es könnte also eher an meinem direkten Umfeld liegen, dachte ich. Bei genauer Betrachtung war mein Umfeld aber ein Grund zur Freude. Ein wundervoller Sohn, der sich langsam aus einem Kind zu einem selbstständigen Teenie entwickelte, ein attraktiver und intelligenter Mann, mit dem ich seit siebzehn Jahren einen gemeinsamen Weg ging, und mein bester Freund, Jürgen. Dazu liebe Kollegen in der Arbeit und eine beispiellose berufliche zweite Karriere, die mir überdies auch noch tagtäglich Sinn und Freude verschaffte. Nun gut, meine private Freizeit schwand gegen null, je bekannter mein soziales Engagement wurde. Aber für die gute Sache war und bin ich gewillt, selbst radikale Einbußen in Kauf zu nehmen. Wie ich es auch anstellte, mir wollte kein ernst zu nehmender Grund einfallen, weshalb mein Umfeld schuld an meinem persönlichen Innere-Welt-Schmerz sein sollte. Es blieb schließlich der letzte Gedanke: ich. Ich selbst könnte das Problem meiner Unzufriedenheit sein. Und mit dieser Erkenntnis begann das Nachdenken unbequem zu werden. Mrs. Frohnatur, die Berufsoptimistin, die Frau, die anpackt und macht? Diesen Gedanken, selbst der Grund für das eigene Unglücklichsein zu sein, verwarf ich jedoch schnell wieder, weil er mir völlig fern jeglicher Realität vorkam.

So lief ich also weiter durchs Leben und Arbeiten, innerlich unglücklich, stets temporeichen Schrittes und trat mit aller leise schwindender Kraft die täglichen, langsam größer werdenden Hürden ein, schmiss mich gegen jede sich immer schneller drehende Windmühle und verbrachte weiterhin die Mittagspausen beim Chinesen. Der Glückskekse wegen.

*Wenn man nichts zu erzählen hat,*
*kann man es ändern.*
*Wenn man niemanden zum Erzählen hat,*
*wird es einen ändern.*

# 2

# OBEN IST WIE UNTEN, NUR ANDERSRUM

Obwohl ich über viel spontanen Humor und Schlagfertigkeit verfüge, kann ich mir Witze schlecht merken. Sehr schlecht sogar. Möchte ich einen erzählen, was sehr selten vorkommt, muss ich vorher die Pointe noch einmal gedanklich durchgehen oder aber sehr langsam beginnen, um selbst den besten Witz nicht zum schlechten verkommen zu lassen. Nur ein einziger ist mir, seitdem ich ihn zum ersten Mal gehört habe, im Gedächtnis geblieben. Er war jahrelang mein Lieblingswitz:

Der liebe Gott und Jesus, sein Sohn, sitzen Samstagvormittag am Frühstückstisch. Während Gott genüsslich frühstückt, blickt Jesus starr hinunter auf die Erde und traut seinen Augen kaum. Nach einer Weile des Beobachtens irdischer Ereignisse sagt Jesus zu seinem Vater: »Gott Vater, jetzt schau dir diese Sauerei an. Da unten spielt ein Rabbi Golf. Und das am Sabbat. Am Tag des Ruhens!« Während Gott in sein Brötchen beißt, lässt er seinen Blick kurz durch die Wolken zur Erde schweifen und schmunzelt. Die Reaktion des Vaters erzürnt Jesus. »Wie kannst du nur darüber lachen, wenn einer deiner Angestellten deine Regeln nicht beachtet! Das darfst du nicht durchgehen lassen!« Gott nickt milde, schließt die

Augen, und im nächsten Moment schlägt der Rabbi ein Hole in One. »Was?«, schreit Jesus wütend. »Der Rabbi verhält sich fehlerhaft, spielt am Sabbat Golf, und du belohnst ihn auch noch mit einem Hole in One?« Gott lächelt schelmisch und antwortet: »Beruhige dich, mein Sohn. Wem soll er es denn erzählen?«

Sehr viele Jahre konnte ich über diesen Witz schmunzeln. Irgendwann nicht mehr. Es war der Zeitpunkt, als ich erkennen musste, dass es mir ähnlich ging wie dem Rabbi. Nur, dass ich nichts Zauberhaftes übers Golfen zu erzählen hatte, sondern Zauderhaftes übers unglückliche Leben. Ein deutlich weniger attraktives Thema für lockere Gespräche.

Hinzu kam, dass sich Freunde, selbst lose Netzbekanntschaften, immer weiter von mir entfernten. Ganz deutlich fiel mir dies vor drei Jahren kurz vor dem Würzburger Hauptbahnhof auf. Seit 2009 bin ich sehr aktiv in den sozialen Netzwerken, speziell auf Twitter. Von Anfang an habe ich Twitter nicht für oberflächlich, sondern für eine Oberfläche für Kommunikation gehalten. Mir gefällt die ungezwungene, persönliche und lustige Art des Schreibens und das ernsthafte Interesse der Leute, sich auch im »Offline-Leben« kennenzulernen. Irgendwann im Jahr 2010 (als mein Projekt manomama gerade in der Gründungsphase steckte, ich mich selbst noch nicht einmal kannte und vielleicht tausend Follower hatte!) war ich im Zug Richtung Berlin unterwegs. Weil ich morgens zu spät dran war, hatte ich zu Hause keine Zeit mehr für eine Tasse Kaffee. So twitterte ich nicht, wie jeden Tag »Guten Morgen, erst mal Kaffee«, sondern: »Guten Morgen, keinen Kaffee! Und im Zug ist die Maschine kaputt! SUPERGAU!!!« Es folgten eine rege Anteilnahme in typischer Twitterart und drei humorvolle Verabredungen zur Kaffeeübergabe in Würzburg am Bahngleis, während meines Zugaufenthalts. Um kurz vor zehn Uhr standen drei Menschen auf Gleis 4. Um kurz nach zehn Uhr standen vier Menschen auf Gleis 4, denn ich stieg aus und nahm den nächsten Zug. Rund eine Stunde lang verbrachten wir spontan bei Kaffee und guten Gesprächen die Zeit, bis meine Reise weiterging.

Irgendwann im Jahr 2014 (als mein Projekt manomama bereits sehr bekannt war, mich immer mehr Menschen auf der Straße erkannten und ich über 15 000 Follower hatte!) war ich wieder im Zug Richtung Berlin unterwegs. Weil ich morgens erneut zu spät aufgestanden war, hatte ich zu Hause wieder keine Zeit für eine Tasse Kaffee gehabt. So twitterte ich auch an jenem Tag nicht »Guten Morgen, erst mal Kaffee«, sondern: »Guten Morgen, Zugkaffee. Schlimmer wird's nicht!« Danach tweete ich: »Kein Kaffee im Zug. 9:34 Uhr in Würzburg. Jemand Lust auf Gleis-Kaffee?« Die Reaktionen waren: Null. Nichts. Stille.

Ohne Extrastopp und mit deutlich zu niedrigem Koffeinspiegel verwendete ich die restliche Fahrzeit dafür, über das Erlebte nachzudenken. Die Erkenntnis war eine bittere, denn mir erging es nun, wie es meinen Ladies und Gentlemen ergangen ist, bevor sie wieder zurück ins Arbeitsleben kehrten. Man nahm keine Notiz von ihnen. Und mir wurde klar: »Oben ist wie unten, nur andersrum.« Plötzlich erinnerte mich diese Situation an meine Schulzeit, als ich eine Außenseiterin war. Denn das alte Sprichwort stimmt sehr wohl: »Gleich und gleich gesellt sich gern!«

Bei der Geburt sind alle gleich. Auf diesen Nenner kann man sich ohne größere Debatte einigen. Dann aber beginnt ein Positionieren innerhalb der Gesellschaft. Die Quantität und Qualität der sozialen Kontakte hängt zunächst stark von dem Elternhaus oder dem Bildungsgrad der Erziehenden ab. Ich mutmaße, dass über den Stellenwert von Freundschaften in den meisten Familien wenig vorgelebt wird und dass das auch ein Grund ist, weshalb Menschen nur wenige Beziehungen pflegen. Aber, am allerwichtigsten, Moneten machen menschliche Beziehungen. Können sich Eltern den Kindergartenplatz schlicht nicht leisten (was ich aus Erzählungen einiger meiner Kolleginnen bei manomama erfahren durfte), bleibt das Kleine alleine bei Mutter oder Vater zu Hause. Soziale Kontakte mit Gleichaltrigen? Fehlanzeige. Selbst eine intensive Betreuung des Kindes durch die Eltern kann die Erfahrung mit anderen Kindern nicht wettmachen. Fehlt weiterhin das Geld, ist in der Schule keine Klassenfahrt drin. Überhaupt sind außerschulische, kostenpflichtige Unternehmungen mit Schulkollegen und Hobbys mit Freunden nicht möglich. Diese unfinanzierbaren Möglichkeiten, gepaart mit dem alltäglichen »Geht nicht wegen Geldmangel«, isolieren Menschen. Diese Erkenntnis zur Grundlage muss uns mahnen, die nachweislich steigende Verarmung von Kindern in Deutschland vehement zu bekämpfen. Darüber hinaus darf die wirtschaftliche Armut nicht zu einer sozialen Armut und damit verbundenen gesellschaftlichen Isolation führen.

Ich kann mich sehr gut an meine Freundin F. erinnern. Sie war eines von elf Kindern und hatte es – ihrer strengen, aber liebevollen Mutter sei Dank – aufs Gymnasium geschafft. Obwohl F. gute Noten schrieb und ein sehr aufgewecktes, freundliches Mädchen war, blieb sie außerhalb des Klassenverbunds. Die Töchter der Ärzte und Apotheker, die ihre Kinder ebenfalls auf die angesehene katholische Mädchenschule schickten, akzeptierten sie nicht. Weil F. nicht die besten Zähne hatte und komische Klamotten trug. Sie waren zwar immer gepflegt und sauber, aber niemals der neueste modische Schrei. Außerdem lud sie nie jemanden nach Hause ein. Mich störte das nicht. Was die Klamotten betraf, musste ich nur an mir selbst hinuntersehen: Monatelang besuchte ich zum Leidwesen meiner Mutter die Schule mit Vaters Hochzeitsanzugschlaghose aus grünem Samt, kombiniert mit einem lotterigen, alten Wolljanker. Zu mir nach Hause nahm ich ebenfalls keine Freundinnen, allein schon, weil ich außerhalb der Stadt wohnte und Bus- und Bahnfahrt die Hälfte des Nachmittags aufgezehrt hätten. Im Nachhinein war ich also selbst »schuld« an meinem Außenseiterdasein.

Bei F. hatte es einen anderen Grund. Eines Tages durfte ich mit zu ihr nach Hause. Oder besser gesagt, das, was sie zu Hause nannte. Ein völlig baufälliges Siedlerhäuschen, direkt neben der Bahnstrecke. Im verwilderten Vorgarten stand ein heruntergekommener Wohnwagen, in dem der Vater und ihr ältester Bruder »hausten«. Als wir uns durch den völlig zugestellten Windfang in die kleine Küche durchkämpften, die wegen der alten Heizung ätzend nach Öl stank, sah ich ihre Mutter am Holzofen stehen und kochen. Ich kann mich nicht mehr genau an den Zustand jedes einzelnen Zimmers erinnern. Aber daran, dass Tine Wittlers Renoviertruppe viele Folgen hätte drehen können, um die Hütte ordentlich bewohnbar zu machen. Und ich erinnerte mich daran, dass wir den besten Grießbrei der Welt serviert bekamen. Bis heute hält die Speise ihren Status.

Es war eine vorhersehbare Entwicklung, dass sich die beiden Außenseiter in der Klasse zusammentaten: Bis zu meinem Schulwechsel nach der neunten Klasse waren wir beste Freundinnen. Ich war die Einzige, die mit F. die Nachmittage bei ihr daheim verbringen durfte. »Ich kann doch niemandem erzählen, wie wir hier leben!«, sagte sie einmal. »Würde ich das tun, wäre ich nicht nur komisch. Dann wäre ich voll unten durch!« Sie hatte recht: Dann wäre sie voll unten durch. Denn sie gehörte einer Schicht an, mit der man sich nicht gerne umgab: der Unterschicht. Den (monetär) Armen. Was heute neudeutsch »Lookismus« heißt, also die Diskriminierung von Menschen aufgrund von Auftreten und sichtbaren Körpermerkmalen, war zu meinen Schulzeiten schlichtweg »einen schneiden«. Links liegen lassen. Und schon gar nicht demjenigen Gehör verleihen.

Auch viele meiner Ladies und Gentlemen hatten niemanden, dem sie ihre Probleme und Gedanken erzählen konnten. Wer setzt sich freiwillig mit einem Erwerbslosen an seinen Küchentisch und hört zu? Im öffentlichen Leben begegnet man Menschen dieses Milieus kaum. Es fehlt an Geld für das Kaffeekränzchen unter Freunden, es gibt keine Kohle für den Ausflug mit der Clique. Und mit zunehmender Dauer der Erwerbslosigkeit gibt es bald schon keine Clique mehr. Mit dem Schwinden der letzten sozialen Kontakte zieht die Einsamkeit ein.

Ein TV-Team begleitete meine Kollegin Uschi, alleinerziehende Mutter zweier Kinder, als sie nach jahrelanger Erwerbslosigkeit und unzähliger Wiedereingliederungsmaßnahmen bei manomama ihre Arbeit aufnahm und zum ersten Mal wieder in ein Café ging. Im BR-Film »Hopp oder top« des Filmemachers Axel Mölkner-Kappl erzählte sie, dass sie sich während ihrer Erwerbslosigkeit nur noch selten aus dem Haus traute, um die Menschen zu beobachten, geschweige denn, um mit ihnen zu reden. »Ich habe mir halt immer vorgestellt, wie es mal sein wird, wenn ich die Leute im Café sitzen sah. Neidisch war ich nie, aber ich dachte mir, dass irgendwann der Tag kommt, an dem ich auch wieder hier sitzen kann. Bis dahin bin ich halt abseits!« Wer abseits steht, steht im Aus. Und dort findet sich niemand, dem man etwas erzählen kann.

Dass ein Abseits der Menge, die Isolation von einer Gruppe oder Schicht keine Richtung kennt, erkannte ich dann an mir selbst. Während mit Sina, der Twitterin, gerne ein Kaffee auf dem Gleis getrunken wurde, blieb Sina, die erfolgreiche Unternehmerin mit mittlerweile eigener RTL-Sendung namens »Made in Germany«, durstig. Niemand wollte mehr einen Kaffee trinken gehen. Auch wurden die Treffen im Freundeskreis weniger, da vorab für mich entschieden wurde. »Ich dachte immer, ich frag dich nicht, du hast sicherlich keine Zeit«, waren Standardantworten auf mein Nachhaken bei Freunden und Bekannten, warum sie sich kaum mehr meldeten. Nicht einmal zurückriefen, wenn ich anklingelte.

Der wahre Grund war oftmals ein anderer. »Schau sie dir an«, sagte eine ehemalige Freundin zu Jürgen. »Wir dümpeln hier rum, und das Mädchen vom Dorf macht die steile Karriere!« Es war das letzte Mal, dass ich von ihr gehört habe. Und das nicht einmal direkt von ihr. Folglich ist es egal, ob man »oben« oder »unten« ist, in jedem Fall ist man im Abseits. Während die mangelnde Anzahl menschlicher Beziehungen von »unten« gesehen auf die fehlenden Möglichkeiten und Mittel, dazuzugehören und mitzumachen, zurückzuführen ist, spielen »oben« Neid und Bosheit eine Rolle. Nicht jeder im Freundeskreis aber missgönnt. Manch einer ist schlichtweg überfordert mit der ungleichen Situation und zieht sich aus falsch verstandenem Respekt zurück.

Die wenigen Beziehungen, die anschließend übrig bleiben, wollen gepflegt werden. Mit einem Facebook-Status-Update oder einer Whatsapp-Nachricht, einem Instagram-Like oder Retweet auf Twitter ist das nicht getan. Die Qualität einer echten Beziehung zu einem Menschen hängt von dem Engagement für die Beziehung ab. Freundschaft braucht Realität. Und Realität benötigt Umtriebigkeit und Zeit. Menschen am unteren Ende der Gesellschaft haben sie: Zeit. Allein es fehlt ihnen an Antrieb. Dabei wäre es vermessen zu behaupten, es läge ausschließlich in ihrer eigenen Hand, den viel besagten »Arsch« hochzubekommen. Fehlender Antrieb ist das Resultat einer Lebenssituation, die nahezu immer aus Arbeitslosigkeit entspringt.

Bereits vor über achtzig Jahren, im Jahr 1933, haben Marie Jahoda, Paul Felix Lazarsfeld und Hans Zeisel einen soziografischen Versuch über die Wirkung von lang anhaltender Erwerbslosigkeit durchgeführt. Die Studie ging unter dem Namen »Die Arbeitslosen von Marienthal« als Regelwerk in die Sozialwissenschaft ein. In eindrücklicher Weise wurde von den Wissenschaftlern aufgezeigt, dass mit zunehmender Arbeitslosigkeit die Langsamkeit bei den Betroffenen einzog. Aus reiner Hoffnungslosigkeit haben sich das Zeitempfinden und der innere Antrieb komplett verschoben. Bereits nach wenigen Wochen blieben zu erledigende Aufgaben schlichtweg liegen, weil den Erwerbslosen die Zeiteinteilung, die gewohnte Tagesstruktur und der Antrieb fehlten.

Antrieb, Engagement und der Wille, Freundschaften und Beziehungen in der Realität zu pflegen, ist am anderen Ende, den Menschen »oben«, gegeben. Auch ich bemühte mich in meinen Augen intensiv um den Kontakt zu meinen Beziehungen. Allein die Zeit fehlte zunehmend, phasenweise gänzlich. Irgendwann musste ich mir selbst eingestehen, dass es nicht fair wäre, zum Telefonhörer zu greifen, eine Freundin auf einen Kaffeeklatsch einzuladen, in der Hoffnung, ihr von meinem Unglücklichsein erzählen zu dürfen, den Termin aber auf »irgendwann in den nächsten Wochen oder Monaten« festzulegen. Die oft gehörte Argumentation »Du hast ja eh nie Zeit« musste ich kleinlaut zugeben. Gleichzeitig war ich es leid, meinen besten Freund Jürgen ständig als Prellbock zu nehmen. Und mit meinem damaligen Mann? Das war ja eines dieser Themen. Ich hatte niemanden, mit dem ich reden konnte, und merkte langsam, wie es mich veränderte. Professionell und lächelnd zog ich meinen Job durch und mich dann traurig zurück. Um allein zu sein mit mir und meinem Unglück. Und um noch trauriger zu werden, weil ich erkannte, dass mir die wichtigste Beziehung fehlte: die zu mir selbst. Mein einziger Trost: Schokolade und Wein.

*Das Leben passiert.*
*Wie du darauf reagierst,*
*ist entscheidend für dein Leben.*

# 3

# AM ARSCH

Der US-amerikanische Boxer Cassius Marcellus Clay alias Muhammad Ali soll einmal gesagt haben, dass es nicht relevant ist, wie fest man zuschlagen, sondern wie hart man einstecken kann.

Diese Worte konnte ich nie wirklich nachvollziehen, weil ich sie für unklug hielt. Ich habe immer versucht, mich ordentlich durchs Leben zu boxen. Manchmal war ich dabei, harte Schläge zu verteilen, jedoch richtig heftige Haken fing ich mir nie ein. Weil ich immer vorausschauend hin und her pendelte und das Ausweichen einfach klüger fand als das Einkassieren. Auch versuchte ich konsequent, meinen Kopf zu schützen. Schließlich war und ist er mein wichtigstes Werkzeug, Ideenschmiede und Visionsbrutkasten.

Beim Rest war ich nie zimperlich, denn Erfolg hat seinen Preis: 120-Stunden-Wochen, zu viel Stress und zu wenig Schlaf, gepaart mit schachtelweise Kippen und null Sport ziehen nicht spurlos an einem Körper vorbei. Dennoch: Dieser Lebenswandel funktionierte ziemlich lange ziemlich gut. Wenn man sich aber durch eine innere Unzufriedenheit selbst anzählt und die eigene psychische Stärke anzweifelt, wird es gefährlich im Ring. Lockere Beine weichen wackeligen Knien, und das Eigengewicht der Arme nimmt die letzte Kraft für die eigene Deckung. Wehrlos steht man da, und aus dem Boxfeld wird eine Gemetzelzone. In diesem Moment realisiert man, dass die Worte des einstigen Schwergewichtsmeisters doch sehr intelligent waren. Und von Erfahrung zeugten. Spätestens, wenn der Gegner einen saftigen Leberhaken platzierte.

In meinem Kampf prasselten viele kleine Rückschläge auf mich ein, bis mir ein linker Seitenhaken die Luft nahm. Ein Geschäftspartner hielt sich nicht an Abmachungen, und ich sah mein Lebenswerk, meine Ladies und Gentlemen – manomama –, kurz vor dem K. o. Mit einem Knie auf dem Boden versuchte ich so tief zu atmen, wie es nur ging, um anschließend wieder aufzustehen und am Kampf ... Dong! Der nächste Schlag. Diesmal kam er hinterrücks, und ich konnte ihn nicht sehen.

Juristisch heißt dies »verdeckter Mangel«, und diesen Hammer verpasste mir einer meiner Lieferanten durch tonnenweise fehlerhafte Ware, die ich bei ihm bestellte. Augenscheinlich war sie in Ordnung, ich bezahlte, um später festzustellen, dass es »Müll« war. »Du musst nur einmal öfter aufstehen als du fällst, Sina!«, versuchte ich mich anzuspornen und richtete mich erneut auf. Mit letzter Kraft, um mir den Knockout abzuholen. Das Ende einer Ehe. Meiner Ehe. Mein damaliger Mann zog nach siebzehn Jahren aus der gemeinsamen Wohnung aus. Voll auf die Zwölf, Sternchen und schwarz.

»Ziehen Sie sich bitte nackert aus, eh!«, sagte die österreichische Dermatologin. Aus dem stechenden Kopfjucken war innerhalb von wenigen Stunden ein unerträglicher Schmerz geworden, und ein Ausschlag wuchs unter meinem Haaransatz Richtung rechtes Auge. Die Geburtsschmerzen waren ein Kinkerlitzchen gegen dieses Kopfweh, sodass ich mitten in der Nacht in die Notaufnahme eingeliefert wurde. Freiwillig.

»Hey«, antwortete ich. »Ich habe einen Ausschlag am Kopf und nicht am Hintern!« »Woaßd wos?«, entgegnete mir die Ärztin. »Jötz isses holberzwölfe. Die stressige Gürtelrose am Grint diagnostizier i da no aufd dunkle Nacht. Oba: Wann i di haid aufnehm und überseh an schwarzen Hautkrebs, samma morgn olle zwoa am Oarsch!« »Gürtelrose? Das kriegen doch nur …«, wollte ich ansetzen. »Richtig«, unterbrach mich die Doktorin. »Des kriagn nua Oide um den Bauch. Und in deim Oida kriagstes, wannst deppert bist und oarbeitst, bist umfallst. Vier Wochen mindestens auf der Gschlossenen bei uns!«

Am nächsten Morgen nach der ersten detaillierten Untersuchung kam der »Therapievorschlag«: mindestens einen Monat stationäre Behandlung bei permanenter Beobachtung meines rechten Auges, absoluter Ruhe und jeglichem Besuchsverbot. Eindringlich informierten mich die Ärzte, dass der Erhalt meiner Sehkraft Spitz auf Knopf stünde. Ich aber habe den letzten Teil des Gesprächs bereits nicht mehr wahrgenommen.

»Vier Wochen? VIER WOCHEN? Im Krankenhaus? Seid ihr verrückt!«, schrie ich. »Alles wird am Arsch sein! Ich werde am Arsch sein!«

»Gschau di o«, antwortete die Oberärztin forsch. »Sie san längst am Oarsch. Und wenn Sie nicht exakt mochn, was wir Ihnen sogn, bleibt des a so, ey!« Das saß. Ich sank still ins Bett, nahm anstandslos die Handvoll Psychopharmaka, mit denen ich am Berliner Kotti eine Monatsmiete hätte einspielen können, und starrte an die Decke. Eine endlose Weile lang. »Ich bin am Arsch, Scheiße!«, dachte ich und schloss kraftlos die Augen.

Tagtäglich erkennen wir an uns die kleinen Fehler, über die wir uns selbst am meisten ärgern. Manchmal entdecken wir sogar große Unannehmlichkeiten und geloben selbstverständlich Besserung. Schließlich ist die viel besagte Selbsterkenntnis der erste Schritt dazu. Allein, er wird nicht gegangen. Selbst mit ernsthaft lebensbedrohlichen Problemen arrangieren wir uns, statt sie zu lösen. Die Gründe dafür sind so vielfältig wie individuell: Die einen haben vorher schon Angst vorm Scheitern, die anderen sind zu bequem, den mühsamen Weg einer Veränderung zu gehen. Meine drei Schachteln Zigaretten am Tag habe ich stets mit dem langen Leben des Kettenrauchers Helmut Schmidt gerechtfertigt, mein deutliches Übergewicht einfach wegignoriert. Verhüllt. Was man nicht sieht, kann nicht da sein. Meine Disziplinlosigkeit habe ich mir selbst als kreative Ader verkauft, und meine Rastlosigkeit als »italienisches Temperament«. Um auch sicherzustellen, dass keine Minute Zeit bleiben könnte, sich um das eigene Leben zu kümmern, ist das Engagement für andere eine gute Strategie. Bis zur totalen Selbstaufgabe begann ich, mich um das Leben der anderen zu sorgen – und es in Ordnung zu bringen. Kurze Zeit später schon hatte ich das Leben der sich mir Anvertrauenden im Griff, während mein Leben mich im Griff hielt. Auf einmal offenbarte sich mir der Nährboden meines Unglücklichseins: der selbst auferlegte Schwitzkasten aus Selbstmitleid und Selbstaufgabe. Ich kümmerte mich um alles und jeden, aber nicht um mich selbst.

Ich hörte ein »Auuuffwachen« und spürte ein Kitzeln an meiner Wange. Zögerlich öffnete ich die Augen und sah eine alte Frau, die sich über mich beugte. Ein breites Grinsen überzog ihr faltiges Gesicht. »Wer sind Sie und was machen Sie da?«, fragte ich etwas benommen, doch ich bekam keine Antwort. Die alte Frau fuhr mit ihrem Zeigefinger durch einen Cremetopf, den sie in der Hand hielt. Und dann fuhr sie über meine Wange.

Noch etwas wackelig stieg ich aus dem Bett und ging ins Bad. Der Blick in den Spiegel zauberte mir ein Lächeln ins Gesicht: die alte Dame, die wohl meine neue Zimmernachbarin sein musste, hatte mir ein Creme-Herz auf die Wange gemalt. Ich ging zurück und fragte erneut: »Wer sind Sie?« Voller Überzeugung sagte sie: »Ich bin die Prinzessin!«

Och nö, dachte ich, erinnerte mich aber gleichzeitig an den Pillencocktail, den ich schlucken musste. Meine Bettnachbarin hatte sicherlich auch einen ähnlichen intus. Und eine von uns beiden schien die Dinger nicht so richtig zu vertragen. Also spielte ich mit.

»Hallo Prinzessin, ich bin Sina«, antwortete ich.

»Bist. Du. Nicht!«, sagte sie vehement.

»Bin ich wohl!«, hielt ich in meiner üblich forschen Art dagegen.

»Nein, du bist nicht Sina«, sagte sie.

»Aha!«, entgegnete ich. »Und wer bitte bin ich dann?«

»Sina heißen Katzen. Die haben sieben Leben. Du hast nur eines.«

Mir lief ein kalter Schauer über den Rücken.

»Ja«, murmelte ich nach einem kurzen Moment des Innehaltens, »und im nächsten Leben ist es zu spät.«

Das Ende dieser skurrilen Unterhaltung war der Anfang eines neuen Lebens: meines Lebens. Und dieses begann mit der Suche nach mir selbst.

*Nur du kannst wissen,*
*wer du bist.*

# 4

## WER BIN ICH, UND WENN JA, WARUM?

Alles, was ich über mich weiß, weiß ich nicht von mir. Es gibt nichts aus erster Hand. Stets gut informierte Quellen nährten mein Selbstbild. Bei genauerer Betrachtung weiß ich nichts von mir. Ganz im Gegensatz zu den zahlreichen Menschen, die mich zu kennen glauben.

Das beginnt bei den Eltern. Sie mieten geradezu das Anrecht darauf, das Kind zu kennen. Vor allem, wenn es das eigene ist. Vom ersten Atemzug an. Schließlich sind es Mutter und Vater. »Du warst als Kind schon so kreativ«, kann ich mich an die oft wiederholten Worte meiner Mutter erinnern. Sie erzählte eine bestimmte Geschichte immer und überall. Im Familienkreis und bei Freunden. Voller Stolz berichtete sie von ihrer großen Tochter, die sich tagelang im Kinderzimmer einschloss und bastelnd hinter dem Schreibtisch verschanzte, während meine Altersgenossen draußen im Freien tobten. Bewaffnet mit Schere und Kleber fertigte ich unzählige Brillen aus Tonpapier: verschiedene Gestelle mit unterschiedlich farbigen »Gläsern« aus Transparentpapier.

Diese Geschichte erlaubte meiner Mutter mit an Sicherheit grenzender Wahrscheinlichkeit festzustellen, dass ich ein äußerst kreativer Mensch sei. Weil diese Erkenntnis eine positive ist und kreative Menschen viel Anerkennung in ihrem Leben zu spüren bekommen, glaubt man das gerne. Ich ebenso. Jahrelang war ich der Meinung, ich sei ein unheimlich kreativer Geist. Das aber ist eine Lebenslüge, die auf einer Fehlinterpretation meiner Eltern beruhte. Denn ich hatte ihnen nicht die ganze Wahrheit erzählt, die hinter der fast halbindustriellen Massenproduktion der Tonpapierbrillen steckte.

Ich war sechs Jahre alt und ging auf die Grundschule. Oft begleitete ich meine damals beste Freundin Claudia heim, denn ihr Zuhause lag auf dem Weg zu meinem. Manchmal kam ich sogar mit zu ihr. Während bei mir immer jemand zu Hause und jederzeit mit einer warmen Mahlzeit zu rechnen war, musste Claudia oft die Nachmittage alleine verbringen, bis ihre Eltern von der Arbeit zurückkehrten.

An einem dieser spontanen Nachmittage waren wir ziemlich früh fertig mit den Hausaufgaben, und ich hatte noch keine rechte Lust aufzubrechen. Claudia schlug vor, einen Videofilm anzusehen, und lief bereits schnurstracks zum Wohnzimmerschrank, öffnete die Türen, und es erschien der große Fernseher. Darunter der Videorekorder und zahlreiche Videokassetten. »Schalte du schon mal den Fernseher und Videorekorder an, ich guck mal, was wir uns ansehen können!«, sagte sie und suchte in den unzähligen Kassetten nach einem Film. Ich tat wie mir geheißen. Bereits wenige Sekunden später erschienen auf dem Bildschirm des TV-Geräts Bilder. Komische Bilder. Ein sehr komischer Film. An Details kann ich mich nicht mehr entsinnen, aber daran, dass das Bild irgendwie unscharf und doppelt war und dass mehrere nackte Frauen und Männer sich gegenseitig den Atem raubten, während sie nervös hin und her schunkelten. »Claudia, was machen die da?«, fragte ich erschrocken. »Ach, keine Ahnung«, antwortete sie. »Da hat mein Papa vergessen, seinen Film aus dem Rekorder zu nehmen. Der schaut so was. Aber dazu zieht er dann immer«, sie unterbrach ihre Schilderung für einen Moment, zog eine schwarze Pappbrille mit zwei verschiedenfarbigen Gläsern aus Folie, rot und grün, aus der Schublade, überreichte sie mir und fuhr fort: »so eine Brille auf! Setz mal auf, vielleicht geht es dann besser!« Ich nahm die Brille und wollte sie aufsetzen. Sie war aber zu groß und zu breit. Überhaupt war die Passform eine Katastrophe. Folglich hielt ich sie mit dem Finger auf der Nase und blickte erneut auf den Fernsehbildschirm. Nun sah ich die Bilder klarer, und trotzdem war mir nicht klar, was die unbekleideten Menschen dort trieben. Meine Neugier war geweckt. Kurzerhand gab ich Claudia die Brille zurück, erzählte, mir sei eingefallen, dass ich schnell nach Hause müsste, und tat dies auch.

Bereits auf dem Heimweg kreisten meine Gedanken nur darum, wie ich eine Brille herstellen könnte, die passen würde. Zu Hause angekommen, war ich mir sicher, dass das gesamte Gestell einer Überarbeitung bedurfte. Darüber hinaus beschloss ich, verschiedenfarbige Kombinationen zu basteln. Mein Verständnisproblem für den Inhalt des Films schob ich nämlich auf die falsche Koloratur der Gläser. Und um die viel besagte »rosarote Brille«, durch die jeder Mensch etwas Schönes sieht, wusste ich als Sechsjährige auch schon. So schloss ich mich tagelang in meinem Zimmer ein und werkelte an der perfekten Brille. Es war also alles andere als meine Kreativität, die mich basteln ließ. Ich habe keine artifizielle Brille erfunden, sondern eine schlechte nachgebaut. Eine, die in meiner Version ordentlich sitzen und mir den wirklichen Durchblick verschaffen sollte. Heute, rund dreißig Jahre später, habe ich den Durchblick dank dieses Erlebnisses: Ich bin überhaupt keine Künstlerin, wenngleich ich es zu gerne glauben möchte. Ich bin eine Optimiererin. Eine Problemlöserin. Ein Mensch, der einen Missstand sieht und ihn entweder ausmerzt oder ändert. Ein talentierter Kopist mit Hang zur Perfektion. Oder zur Passform. Aber eben kein Kreativer. Tut mir leid, Mama!

Nicht nur die Eltern sind es, die glauben zu wissen, wer man ist. In der gesamten Kindheit und Jugend häufen sich die externen Einschätzungen und Beurteilungen über einen selbst. Erzieher im Kindergarten geben bereits erste Prognosen in Bezug auf Talente und Charakter ab. Gerade in der heutigen Zeit, in der Kindergärten immer weniger ein Ort des Spielens und Ausprobierens, sondern eine Früherziehungsstätte für High Potentials ist, wird einem angst und bange. In der Schule geht das Beurteilen durch die Lehrkräfte munter weiter.

Was haben meine Eltern mit mir geschimpft, weil ich regelmäßig schlechte Verhaltensbeurteilungen im Zeugnis mit nach Hause brachte. »Überhaupt hatte Sina stets Schwierigkeiten mit Disziplin (Schweigen!), Ordnung und Zuverlässigkeit. Bei mehr Geduld, Hingabe und Selbstkritik wären bessere Ergebnisse für sie erzielbar!«, ist einem meiner Zeugnisse zu entnehmen. Um ehrlich zu sein: Beim Punkt »Geduld« hatte der Lehrer recht, beim Rest nicht.

Bis heute bin ich nicht daran interessiert, für mich bessere Ergebnisse zu erzielen, mir reicht das Wenige. In Noten: durchkommen. Meine angeblich fehlende Disziplin rührte daher, dass ich mich um alles in der Klasse gekümmert habe. Und da schnattert man nun mal mehr als jemand, der nur die eigenen Hausaufgaben im Blick hat. Von schlecht oder nicht erledigten Hausaufgaben direkt auf fehlende

Hingabe und nicht vorhandene Selbstkritik zu schließen ist nach meiner heutigen Einstellung und Erfahrung ein starkes Stück Amtsanmaßung. Die dauernde Wiederholung der Beurteilungen durch Lehrer und die Bestärkung durch die Eltern jedoch reichten aus, um aus einem sehr selbstbewussten Mädchen eine permanent an sich selbst zweifelnde junge Frau werden zu lassen, die ihr Durchsetzungsvermögen und Eigenbewusstsein erst wieder fand, als sie auszog. Mit fünfzehn.

Während Eltern oftmals positiv falschliegen, Lehrkräfte sich in ihren Beurteilungen auf das Negative konzentrieren (schließlich sind die unbequemen Wesenszüge an einem Schüler jene, die den Lehrer nerven!), sind Freunde die Dritten im Bunde, die das eigene Ich mitprägen. Freunde schätzen dich ein. Und schätzen dich, wie du bist. Die kleinen Kanten gehören für sie ebenso zu dir wie die großen Spleens und fast schon unausstehlichen Eigenheiten. Wie klein oder groß die Macke auch ist, sie sehen milde darüber hinweg, weil sie dich lieben. Und du liebst sie. Nicht zuletzt genau für ihre tolerante Art. Deshalb sind es Freunde. Richtig gute Freunde trauen sich sogar, oft einen Ratschlag zu erteilen, auf die Gefahr hin, dass es zu einer Diskussion kommt. Oder gar einem Streit. Eine Debatte unter guten Freunden bringt nur Gewinner hervor: Jeder wird um ein Stück reicher an Erfahrung und Eindrücken. In manchen Belangen aber sind selbst die besten Buddies ein Totalausfall, wenn sie ihr gutes Benehmen *nicht* vergessen. Das nämlich muss man, um ehrlich zu sein.

Es sind nicht die bequemen, weich gewaschenen Worte, die sorglos durch die Knigge-Prüfung gingen, die helfen, sich selbst kennenzulernen. Es sind die puren, ernsten, ungefilterten Meinungen und Eindrücke von außen, aus dem engsten Kreis, die dir helfen, dein wirkliches Ich zu finden.

Was aber, wenn die besten Freunde aus falsch verstandenem Anstand das besagte Maul nicht aufbekommen?

In meinem Fall war es so. In allen erdenklichen Situationen bekam ich aus meinem Freundeskreis konstruktives Feedback, anerkennende Worte, kritische Fragen. Mir fiel auf, dass es dabei aber stets um mein Handeln und Schaffen, meine Arbeit, ging, niemals um mich selbst. Oft durfte ich hören, wie meine Freunde Dinge geschäftlich anders gemacht hätten, aber niemals, wie ich anders hätte sein sollen. Selbst bei meiner Figur, die in der Endausbaustufe einer Tonne glich, traute sich niemand, etwas zu sagen. Schlimmer noch: Sie wollten es nicht sehen. Selbst wenn ich, zwar nebenbei, aber durchaus aktiv ein kritisches Wort über meine eigene figürliche Dimension in den Raum warf, waren sich all jene, die sonst alles wussten, einhellig sicher, dass es in diesem Fall nichts zu wissen gibt. Ich war fett. Kugelrund. »Gscheit gwampert«, wie man in Bayern sagt. Dessen war ich mir sicher. Meine Freunde hingegen waren sich ebenso sicher, dass dem nicht so sei.

»Du hast mir immer gesagt, was ich anders machen soll, aber nie, wie ich anders sein könnte«, sagte ich vor Kurzem zu Robert, einem guten Freund. Verdutzt sah er mich an und erwiderte: »Sina, was hätte ich da sagen sollen? Du warst so verbissen, jedem Zweifel erhaben, so von dir und deiner Sache betoniert überzeugt, da traute man sich überhaupt nicht, irgendetwas zu sagen! Und wenn, perlte es an dir ab!« Diese Aussage hat mich schockiert, weil es genau die puren, ehrlichen und ungefilterten Worte waren, die man eben von guten Freunden erwartet. Sich wünscht. Und am Ende, wenn sie fallen, doch nicht hören will. Weil es schmerzt, selbst wenn die Worte an die Vergangenheit gerichtet sind.

In allen Punkten hatte Robert nämlich recht. Mir selbst gaukelte ich vor, die Zähne zusammen- und mich durchzubeißen. In Wahrheit aber war ich regelrecht verbissen. Mein übersteigertes Selbstbewusstsein, das zuweilen auch, zu Recht, als Arroganz ausgelegt wurde, war nichts anderes als das Überspielen meiner tiefen Unsicherheit. Jegliche Kritik prallte an mir ab, da ich mir weder ein Ohr noch die Zeit nahm, mich mit ernst gemeinten Ratschlägen gedanklich auseinanderzusetzen. Zu sehr wäre dann das Kunstgebilde der erfolgreichen, durchsetzungskräftigen Unternehmerin ins Wanken geraten. Zu groß wäre die Gefahr gewesen, dass alles implodierte. Schließlich hatte ich enorme Verantwortung auf mich geladen. Für hundertfünfzig Menschen. Für Zweifel bleibt da kein Platz, für Selbstzweifel noch weniger. The show must go on!

Jeden Tag begleitete mich ein innerer Drang, noch mehr, noch weiter, noch größer meine Radien zu ziehen, und gleichzeitig kämpfte ich gegen das Gefühl, dass alles immer kleiner, weniger und kürzer wurde. In der Stille meiner Gürtelrosenquarantäne war dieser ungebrochene Wille, die Kampfeslust, wie weggeblasen. Endlich fiel mir auf, dass ich tagtäglich unter einem immensen versteckten Druck stand. Es war aber nicht die Anstrengung der Verantwortung, die man als Unternehmerin schultern muss. Es war auch nicht die Doppelbelastung von Kind und Karriere. Ebenso das Dauerabo, im Mittelpunkt zu stehen, das mir mein Tun und Handeln über die Jahre verpasste, war nicht der Grund. Der Nährboden des Drucks, der mich rastlos und verbissen durchs Leben trieb, war ein ganz einfacher: Dem Menschen gerecht zu werden, den alle in mir sahen. Der Mensch zu sein, der ich nicht war: die kreative Rampensau im Dauerscheinwerfer.

Die Suche nach sich selbst gestaltet sich ebenso schwierig wie die Gründung einer Firma. In beiden Fällen ist die Strategie, sich vor ein leeres Blatt Papier zu setzen und wie wild eine Wunschliste zu schreiben, die falsche. Während bei der Firmengründung schlichtweg Gesetze und Regeln einen Rahmen vorgeben, ist bei der Suche nach sich selbst das Papier gar nicht leer, die Vergangenheit, Erfahrungen und Erlebnisse stehen schon darauf. Sich also ohne »Vorbelastung« kurzerhand neu zu erfinden oder sich überhaupt zu finden ist Utopie. Folglich begann ich mit meiner ganz persönlichen Folge von »Wer wird Millionär«. Ich ergänzte den Ist-Zustand in meiner Liste, rückte mir den Fifty-Fifty-Joker und den Telefonjoker zurecht. Mittels klassischem Ausschlussverfahren fing ich an zu ermitteln, was ich nicht oder nicht mehr wollte. Denn es ist viel leichter für uns herauszufinden, was uns widerstrebt, als zu finden, was uns gefällt.

»Heute hier, morgen dort« – mein rastloses Leben aus dem Koffer wurde ebenso gestrichen wie »dauernde Bereitschaft für alle Medien«. Nach mehreren Durchgängen und großzügiger Rotstiftverwendung wurde meine Liste fürs kommende Leben sehr übersichtlich. Und ich hatte schriftlich, was mir wichtig war. Die Punkte, die auf meinem Papier übrig blieben, verrieten, worauf die »echte« Sina eigentlich keinen Wert legte. Gleichzeitig zeigte das Papier auf, was mir fehlte.

*Du kannst dir alles anhören.*
*Wenn du aber eine Entscheidung*
*für dich selbst zu treffen hast,*
*hilft dir alles Anhören nicht.*
*Du musst in dich hören.*

# 5

# DAS LETZTE WORT ZUM THEMA FRÜHSTÜCK

Eine Frage, die mich sehr lange umgetrieben hat, war folgende: Wie viele Kinder ganzer Generationen wurden gequält, malträtiert und gezwungen, zu tun, was sie verabscheuten? Ganz konkret: Spinat essen.

Mutter und Vater haben es »nur gut gemeint« und tellerweise ihrer Brut den »fleischgewordenen« Ekel vorgesetzt. Es half kein »Iss auf, sonst wird das Wetter schlecht«, keine kindischen Fütterversuche à la »Einen für den Opa, einen für die Oma!«. Weder Akzeptanz noch Geschmack der grünen Pampe verbesserten sich. Löffel für Löffel wurde das grüne Zeug trotzdem in Kindermünder gestopft, bis sie nicht einmal mehr »Blubb« sagen konnten. Der Grund: die Eisenversorgung. Schließlich fand der Physiologe Gustav von Bunge bereits 1890 heraus, dass die Pflanzenart aus der Gattung der Fuchsschwanzgewächse besonders viel davon enthalten würde. Genau genommen fünfunddreißig Milligramm auf hundert Gramm getrockneten Spinat. Das Wunderkraut gegen Eisenmangel war gefunden!

Die Spinatverschwörung begann und mit ihr ein Dilemma für viele Generationen. Selbst Mediziner glaubten an Popeyes Wunderwaffe und trugen das wertvolle Wissen konsequent weiter. Bei genauer Betrachtung förderte die Zwangsfütterung mit Spinat nur eines: stahlharte Nerven.

Auf beiden Seiten. Vor einigen Jahren zeigte ein Forscher (dem ich übrigens zutiefst dankbar bin) geradezu Mitleid mit der Generation Spinatopfer. Er analysierte das grüne Gewächs und fand heraus, dass der liebe Gustav von Bunge die Eisenwerte eines Spinatkonzentrats in getrockneter Form ermittelt hatte. Und, einem Konzentrat eigen, verfügt dieses über viel mehr Eisen und Mineralstoffe als die eigentliche, frisch geerntete Pflanze. Zudem musste die Forschung erkennen, dass selbst das tatsächlich enthaltene Eisen im Spinat vom Menschen per Verdauung nicht verwertbar ist. Das Resultat: Unzählige kleine Menschen wurden nicht gehört und jahrelang in ihrem Willen ignoriert, einer zur Wahrheit gewordenen Legende sei Dank!

Ähnlich verhält es sich mit Wasser. Dem Lebenselixier. Mindestens zwei Liter täglich sollte sich der Gesundheitsbewusste einflößen. Manch einer schafft dies spielend, bei vielen jedoch sind regelrecht Tricks notwendig, um die geforderte Menge über den Tag verteilt durch die Gurgel zu litern. Woher dieser ominöse Richtwert kommt, weiß niemand mehr so genau. Ist auch nicht so wichtig, Hauptsache: trinken.

Einen möglichen Ursprung des Gerüchts sehen Forscher in einer Empfehlungsangabe des amerikanischen Nutrition Councils. Dieses gab vor vielen Jahrzehnten einen Wert von zwei Litern »Flüssigkeit« an. Dabei war jedoch das Vorkommen von Flüssigkeit in Gemüse und Obst ebenfalls inkludiert. Von purem »Wasser« hatte keiner gesprochen. Und heute? Heute helfen Trink-Apps und digitale Wasserzufuhrkontrollwecker am Handgelenk dem modernen Menschen, sich ausreichend zu wässern. Selbst dann, wenn er überhaupt keinen Durst verspürt. Die »innere Stimme« sagt: »Nein!«, aber das Apothekerblatt fordert das Wassertrinken regelmäßig, und die App verlangt auch permanent nach dem erfolgreichen Auffüllen der Flüssigkeitsstatus-Anzeige. Also Glas her, Wasser rein, Nase zu und runter mit dem Zeug! Gegen den eigenen Willen und ohne spürbares Bedürfnis.

Ich habe ebenfalls an das Märchen mit den zwei Litern Wasser am Tag geglaubt. Und, wie vielen, ist es mir nicht nur sehr schwergefallen, die notwenige Menge irgendwie hinunterzubekommen, es war für mich schlicht unmöglich. Selbst die besten Tipps aus Frauenzeitschriften (»Morgens vor dem Frühstück das erste Glas lauwarm zum Magenaufwärmen«) und Gesundheitsforen (»Mit einer Scheibe Ingwer wird es besser!«) halfen bei mir nicht. Mein Wille, gekoppelt am Brechreiz, waren größer als mein Gesundheitsbewusstsein. Das Resultat: Smoothies. Sämige, hochkalorische Smoothies. Zuckrige Fruchtsäfte und prickelnde Softdrinks. Schließlich ist da ja auch Wasser enthalten, beruhigte ich mich. Endlich kam ich auf die von wem auch immer gewünschten zwei Liter. Spielend sogar. Ich hatte zwar weder Durst, noch schmeckten mir die Wasseralternativen sehr gut, aber immerhin wird sich das amerikanische Nutrition Council freuen, wieder einen Erfüllungsgehilfen ihrer Flüssigkeitsrichtwerte gewonnen zu haben.

Wer über die Jahre hinweg der eigentliche Gewinner war, war mein Körperumfang. Durch wissenschaftlich fundierte Zwangsmästung in Eigenregie. So spielend wie ich die zwei Liter am Tag erreichte, bewältigte ich auch mein tägliches Kalorienziel. Als ich das erkannte, fiel bei mir der berühmte Groschen, und ich fand endlich den Grund für meine Fettleibigkeit: Es war die Ignoranz meiner selbst. Ich hatte irgendwann aufgehört, auf meine innere Stimme zu hören, die sagt, was gut und schlecht für mich und meinen Körper ist. Statt die Bedürfnisse meines Körpers wahrzunehmen (was ich als Leistungssportlerin in jungen Jahren lernen durfte), hörte ich auf Eltern mit Spinatlöffel in der Hand, Wissenschaftler mit getürkten Rechenschiebern, Ernährungsgurus mit irrwitzigem Stuss im Repertoire und, nicht zu vergessen, die allheilsbringende Werbewirtschaft der »Lebens«mittelbranche. Ich hörte auf alles – nur nicht auf mich. Selbst in den seltenen, aber durchaus vorgekommenen Augenblicken, in denen mein Körper mir sagte: »Mensch Sina, nicht schon wieder einen Piña-Colada-Smoothie!« oder »Pass auf, dir fliegt gleich dein Fitness-Armband in die Chipstüte!«, ignorierte ich seine Worte. Bis meine innere Stimme irgendwann völlig verstummt war. Jahrelang.

In dieser Zeit, es müssen ungefähr zehn Jahre gewesen sein, katapultierte ich mein Gewicht von irgendwas um die siebzig auf stattliche hundertdreißig Kilogramm. Das Dumme an der ganzen Sache: Man versteht es nicht. Man begreift nicht, warum die Waage nur eine Richtung kennt, wenngleich man doch auf alles hört und allen Tipps Folge leistet, die sich andere für die eigene Ernährung und fürs Wohlbefinden ausgedacht haben. Hinzu kommt, dass die Anzahl der guten Ratschläge mit dem Wachsen des eigenen Gewichts exponentiell zunehmen.

»Versuch dich doch einmal, gesund zu ernähren!« – Einwürfe derartiger Natur stießen bei mir auf blankes Unverständnis. Schließlich glaubte ich, dies zu tun. Zum Beispiel mit den zwei Litern am Tag. Und den Smoothies. In Wahrheit aber tat ich nichts Gutes. Mehr noch: Ich tat gar nichts. Ich ließ andere für mich entscheiden und stellte mich aus Bequemlichkeit gegen meinen eigenen Körper.

Auf die Phase der Ungläubigkeit und des Kampfs gegen

die Waage folgte die Zeit der Rechtfertigung und der Gewichtsakzeptanz. Ja, ich war ebenfalls eines dieser Ernährungsopfer, bei dem der Arzt leider keine Schilddrüsenunterfunktion diagnostizieren konnte. Übrigens: Keiner der drei Ärzte, die ich konsultierte. Alle bescheinigten mir zu meiner Enttäuschung einhellig ein pumperlgesundes Wesen. Nicht einmal Bluthochdruck oder ein bisschen Diabetes waren drin. So schob ich mein Gewicht schweren Herzens auf ebenso schwere Knochen. Außerdem musste ich selbstverständlich nur ansehen, was andere aßen, und es wuchs mir ein erneuter Jahresfettring. Ein weiterer von vielen.

Neben der Fähigkeit, auf meinen Körper und mein Inneres zu hören, verlor ich in dieser Phase etwas Entscheidendes: den Respekt mir selbst gegenüber. Während ich jedem Menschen Respekt entgegenbringe, schaffte ich es bei mir selbst nicht mehr. Dies alles endete in der dritten und letzten Phase: der Resignation. »Wir sind hier nicht bei ›Wünsch dir was‹, wir sind hier bei so isses!«, waren meine täglichen Gedanken, die den Blick in den Spiegel begleiteten. Irgendwann hängte ich ihn ab. Problem erledigt. Mein Pfundepanzer war schlichtweg kein Thema mehr. Weder für mich noch für mein Umfeld. Selbst in den Medien galt ich als starke Kämpferin für Gerechtigkeit und nicht als dicke Schreiende. Diese komischen Trends in den sozialen Netzwerken wie »Body Positivity« oder »Fat Acceptance« zogen komplett an mir vorbei, obgleich ich sehr aktiv im Social Media mitmischte.

Während ich eine positive Einstellung zur Figur noch nachvollziehen kann, stieß und stößt die »Fat Acceptance«-Bewegung bis heute auf keinerlei Zustimmung bei mir. Anstelle sich mit sich selbst auseinanderzusetzen, auf die Suche nach der inneren Stimme zu gehen und aktiv an der eigenen, gesundheitsbeeinträchtigenden Übergewichtigkeit etwas zu ändern, suhlen sich die schwergewichtigen Anhänger dieser Bewegung in kiloweise Eigenfett. Und dokumentieren jedes Gramm auf Instagram und Facebook. Wenn man ehrlich ist: Das ist weder schön anzusehen noch gesund für die Betroffenen. Und für mich war es keine Option. Lieber ignorierte ich meine Voluminosität, verhüllte sie einigermaßen gekonnt in ökologischen Eigenkreationen und sprach nicht darüber.

Diese Lösung hielt genau so lange an, bis im Februar 2014 der Postmann klingelte und mir wider Willen der Spiegel vorgehalten wurde. Mein bester Freund Jürgen war seit Langem mal wieder zu Besuch und öffnete die Tür. Anschließend folgte ein »Ui, guggmol, Sina!«, nachdem der Briefträger ihm einen großen Umschlag in die Hand drückte und sich verabschiedete. Jürgen wedelte grinsend vor meiner Nase mit dem Umschlag und bat, ihn öffnen zu dürfen. »Isch von RTL, sind sicher die Pressefoddos von deiner Sendung ›Made in Dschööörmany‹ drin!«, sagte er. Ich nickte, und er öffnete den Brief. Freudig zog er ein Foto heraus, und sein Lächeln versteinerte zunächst, anschließend wurden seine Augen ganz groß, und sein Mund blieb offen. Verunsichert riss ich es ihm aus den Händen, warf einen Blick auf »mich« und musste zugeben, dass es kein optimales Bild war. »Na ja, Schätzle«, sagte ich. »Ist jetzt keine Glanzleistung. Im Hintergrund zu viele alte Maschinen, zu viel Unruhe und diese Fünfzigerjahre-Frisur …, aber sonst ist's doch ganz okay. Da musst du nicht so ein Gesicht machen!«

Jürgen sah mich an. Immer noch mit großen Augen und offenem Mund. Ganz langsam setzte er an: »Sina, siehsch du des ned? Auf dem Foddo fälld mir des jetzt erschd richtig uff!« Nun starrte ich ihn an. Was bitte könnte ich an dem Bild übersehen haben? »Sina! Des Foddo kannsch dir ned amol an da Kühlschrank hänga, do versausch dir die ganze Wohnung!«

Erneut blickte ich auf das Foto und sah – nicht mich. Ich sah eine fette Frau mit den Oberarmen eines Preisboxers. Das quietschorange Kleid warf keine Falten, sondern schwabbelige Rollen. Vor lauter lachendem Gesichtsspeck sah man die Augen kaum. Fleischige Wurstfinger hielten Nähgarnrollen in die Kamera – und ich den Anblick schier nicht mehr aus. Ich wollte etwas sagen, aber es gab nichts. Zum Schönreden. Fat Shaming pur, bei mir selbst.

»Sorry, Sina«, sagte Jürgen. »Des hädd i ned so saga solla«, entschuldigte er sich. Und auf einmal antwortete eine Stimme in mir: »Doch, genau so. Dazu sind beste Freunde da!« Völlig perplex über die unerwarteten Worte in mir umarmte ich Jürgen, hüpfte vor Freude und bedankte mich. Nun war er komplett durch den Wind. Ich aber erkannte: Mein Körper redete endlich wieder mit mir.

Das Erste, was er mir sagte, war: »Fuck you, Diäten!« Ich konnte ihn verstehen. Schließlich hatten wir beide keine guten Erfahrungen gemacht mit kalorischer Ernährungsoptimierung. Die Schnelldiäten brachten den bekannten Jo-Jo-Effekt, und Weight Watchers brachte überhaupt nichts. Nicht, weil das Konzept vielleicht nicht wirken würde, sondern weil mich die Gruppe nicht akzeptierte. Ich war zu förmig. Oder, anders formuliert: zu wenig fett für die Gruppe. Bereits nach der ersten Sitzung verwies man mich freundlich auf das Online-Abnehm-Programm, und ich solle es doch »bequem von zu Hause aus selbst versuchen«.

Ich entschied mich also: keine Diät! Dafür endlich wieder Kaffee. Mein Lieblingsgetränk, das ich mir strengstens reglementierte, weil – richtig – Wissenschaftler herausgefunden hatten, dass mehr als drei Tassen am Tag ungesund wären. Mein schwarzes Gold gab es nun wieder in jenen Mengen, die wir beide, mein Körper und ich, für gut empfanden: zwischen zehn und zwanzig Tassen am Tag. Mit einem Schuss Mandelmilch, ohne Zucker. Weit mehr als zwei Liter. Abends dann ein Glas Weißwein. Wasser? Fehlanzeige.

Die zweite Änderung, die das Auf-mich-Hören mit sich brachte, löste gleichermaßen ein Kindheitstrauma in mir: das Frühstück. »Das Frühstück ist die wichtigste Mahlzeit des Tages«, wurde mir als Kind stets vorgebetet. Und hingestellt. Ich aber bekam schlichtweg keinen Brocken runter. Ich wurde gezwungen, nicht mit leerem Magen in die Schule zu gehen. So kauerte und kaute ich eine gefühlte Ewigkeit jeden Morgen vor und an einem halben Butterbrot und einer Tasse Ovomaltine. Später, als ich allein für mich verantwortlich war, wurde diese Gewohnheit weitergeführt. Weil es Gewohnheit war. Gegen meinen Körper. Und heute? Heute esse ich, wenn ich Hunger habe. Dazwischen gibt es kaum Snackereien und Zwischenmahlzeiten. Weil mein Körper nicht danach ruft. Und wenn doch, setze ich mich hin und nehme mir Zeit, um die Tafel Schokolade zu verputzen.

Zunächst war ich sehr verunsichert, auf meinen Körper zu hören. Schließlich war das kulinarische Verhalten, das meine innere Stimme von mir verlangte, unter dem Namen »ungesunder Lebenswandel« bekannt. Anders konnte man schließlich meine maximale Koffeinzufuhr sowie die kategorische Frühstücksverweigerung nicht nennen. Auch war es einfacher und sicherer, Ernährungswissenschaftlern zu glauben, was wichtig und richtig für den eigenen Körper und die eigene Gesundheit ist als sich selbst. Man ist ja kein Experte, man könnte sich ja irren.

Kaum hatte ich wieder begonnen, auf meine innere Stimme zu hören, verlor ich Pfunde. Und sogar die Hosen. Sie rutschten bald schon von meinen immer schmaler werdenden Hüften. Ziemlich genau ein Jahr nach Jürgens charmanter Ehrlichkeit wagte ich den Schritt auf die Waage. Beim letzten Mal zeigte sie noch 128 Kilo. Nackt. Zehn, zwanzig Kilo weniger wären der Hammer!, dachte ich. Ich blickte auf die Digitalanzeige. Was ich sah, war ein Hammer. Ein sehr großer. 89,8 Kilo, schrie ich. In Jeans und Pulli.

In der darauf folgenden Zeit, die weitere fünfundzwanzig Kilo schmelzen ließ, fragten mich unzählige Menschen, wie ich nur so erfolgreich abnehmen konnte. »Die beste Diät ist keine Diät«, war stets meine Antwort. »Bringe deinem Körper den Respekt entgegen, den du anderen Menschen ebenfalls entgegenbringst! Und iss und trink, worauf du wirklich Lust hast, selbst wenn es total ungesund klingt!« Nur: So richtig glaubt mir niemand, obwohl ich den Beweis erbracht habe.

Als ich unlängst einmal wieder bei meinem Arzt, Nummer zwei, der mir ebenfalls keine Schilddrüsenüberfunktion attestieren wollte, zum Generalcheck war, lobte er mich in den höchsten Tönen. »Frau Trinkwalder«, sagte er, »meinen aufrichtigen Respekt. Sie haben sich halbiert. Ihre Werte sind außerordentlich gut. Wie bei einer Zwanzigjährigen!«

»Und das bei dem ungesunden Lebenswandel«, murmelte ich vor mich hin. Er saß hinter seinem Schreibtisch, hob seinen Kopf, zog ihn ungläubig in den Nacken und sagte: »Wie kommen Sie denn darauf?« Ich erzählte von meinem individuellen Kaffeekonsum und vom Frühstücksausfallenlassen. »Was soll denn daran ungesund sein?«, fragte er und gab zugleich die Antwort: »Kaffee oder Tee, Wasser oder was auch immer – Hauptsache Flüssigkeit. Und wenn Ihnen Kaffee besser schmeckt, bitte schön. Und, erlauben Sie mir ein letztes Wort zum Thema ›Frühstück‹. Was Ihren Essensrhythmus angeht, sind Sie voll im Trend der modernen Forschung. Die Japaner machen das seit jeher, deshalb werden sie so alt. Man nennt das intermittierendes Fasten. Das ist ein gesunder Ess-Rhythmus. In Ihrem Fall wohl sechzehn zu acht: zwei Drittel des Tages nichts essen, im dritten Drittel so viel Sie brauchen, nicht möchten!«

Und schon wieder gab es eine wissenschaftliche Verhaltensempfehlung. Diesmal aber war es eine Bestätigung meiner inneren Stimme. Diesmal war es richtig. Man muss auf sich selbst hören, denn niemand anders kennt einen selbst und den eigenen Körper besser. Und meiner hätte jetzt gerne einen Kaffee mit Mandelmilch, ohne Zucker. Nummer sechzehn für den heutigen Tag.

*Finde dich selbst,*
*und verirre dich nicht*
*in Selbstfindung.*

# 6

# ACHTSAMKEIT, ADE!

Der Weg zu sich selbst ist ein mühsamer. Ich glaube, das ist der Grund, warum die meisten Menschen sich um alles und andere kümmert, bevor sie sich um sich selbst bemühen. Bei mir jedenfalls war das so. Denn herauszuarbeiten, was man nicht möchte, ist anstrengend. Und noch kräfteraubender ist es, herauszufinden, was man sich wünscht.

Auf die innere Stimme, so leise sie auch sein mag, zu hören, benötigt viel Konzentration und Energie. Außerdem ist es verdammt unbequem. Und lästige Aufgaben schieben wir gerne vor uns her. Oder wir versuchen, den einfachen Weg zu gehen. Wie gut, dass in unserer heutigen Zeit der absoluten Bequemlichkeit für alles und auf jedes Problem eine perfekt abgestimmte Bewegung, ein Coaching oder ein lösungsorientiertes Sachbuch angeboten wird.

Vierzehn Positionen beinhaltete der Bon, der heute noch an meinem Schreibtisch prangt. Darunter zusammengefasst steht die stolze Summe von 172,40 Euro. Ein ordentlicher Batzen Geld, den ich gerne in der Buchhandlung gelassen hatte. Schließlich sollte es um mich gehen, und das eigene »Ich« sah ich als lohnenswerten Investitionsgrund. Pfundweise Achtsamkeitsratgeber und Mindfulness-

Magazine schleppte ich aus dem Geschäft mit dem festen Vorsatz, jede einzelne Publikation aufs Akribischste zu lesen, darüber zu sinnieren und mir die »vielen hilfreichen Tipps«, wie die Inhalte bereits auf dem Cover angeteasert wurden, zu Herzen und zu Hirn zu nehmen. Das zumindest war der Vorsatz.

Nach zwei Bestseller-Achtsamkeitsschinken und einem halben Magazin war der Vorsatz jäh dahin. Der Rest der Fachliteratur liegt bis heute ungelesen im Bücherregal. Immerhin machen sich die Buchrücken farblich passend zum Wandanstrich. Das aber war es dann schon mit meiner ersten Achtsamkeitserfahrung. Seitenweise erfuhr ich die neuesten Ergebnisse rund um die Themen Selbstfürsorge, Selbsterfahrung, Selbsterkenntnis, Selbstmitfühlung, Selbstmitleid, Selbstregulierung, Selbstoptimierung und, und, und. Immer nur »Ich, Ich, Ich«. Geradezu künstlich fühlte es sich an, mich ausschließlich und permanent nur um mich selbst zu kümmern. Und wenn es unbedingt um andere gehen sollte in diesem gesamten Achtsamkeits-Tamtam, dann, so erfuhr ich es aus den Publikationen, bitte schön: aktiv bewusst.

Tipp Nr. 13 eines Mindfulness-Monatsmagazins: »Sehen Sie Ihrem Gegenüber beim Gespräch in die Augen!« Ja, macht man das nicht sowieso? Wäre es nicht von Haus aus unanständig, seinen Gesprächspartner geradezu mit Blickentzug zu missachten? Ich kann mich nicht erinnern, einen Menschen während einer Konversation nicht angesehen zu haben. Außer am Telefon. Dennoch wollte ich nicht vorurteilsvoll die Flinte ins Korn werfen: Ich habe es ausgetestet, wie das mit der neuen Achtsamkeit und mir ist.

»Was ist los mit dir, Sina?«, fragte mich Miriam. Sie ist am längsten meine Kollegin und eine gute Freundin, und ich dachte, sie wäre der perfekte »Proband« für den Realitätscheck von Tipp Nr. 13.

»Nichts!«, antwortete ich.

»Warum siehst du mich so an?«

»Wie sehe ich dich denn an?«

»So komisch irgendwie. Nicht normal!«

»Nicht normal? Quatsch«, sagte ich. »Ich konzentriere mich nur auf unser Gespräch. Ich möchte dir aktiv Beachtung schenken, wenn du es genau wissen willst!«

»Ist alles okay mit dir?«

»Ja, freilich. Fahre fort. Wie machen wir das jetzt mit den T-Shirts?«

Miriam erklärte mir einige Details zum Projekt T-Shirts, während ich aufmerksam zuhörte, zustimmend nickte und immer wieder den intensiven Augenkontakt suchte. Auf einmal stockte sie.

»Jetzt sag schon, was los ist?«, bohrte sie nach. Und setzte nach. »Oder hör auf, mich so anzustarren. Das ist ja direkt unangenehm!«

Ich stellte umgehend das aktive Anblicken ein und verhielt mich wie immer: Wir unterhielten uns, öfter trafen sich unsere Blicke, gelegentlich wanderte meiner nach oben, um über das eben Gehörte nachzudenken und eine Antwort vorzubereiten.

Das war mein erster Test mit der neuen Achtsamkeit. Und dieser ging nach allen Regeln der Kunst in die Hose. Aber es stand fest: Es war mein Fehler. Ich begann mit der Achtsamkeit an der falschen Stelle. Bevor ich mich erneut wieder aktiv um andere kümmere, muss ich bei mir selbst beginnen. Die Bücher ließ ich im Schrank. Dafür besuchte ich ein Achtsamkeitstraining, das mir zufälligerweise über den Weg lief. Und an Zufälle glaube ich nicht. Vielmehr aber daran, dass alles einen Grund hat. In dem Flyer, den ich am Ende meines Krankenhausaufenthalts in die Finger bekam, wurde ein »Nachmittag voller Selbsterfahrung« angepriesen. Effektive Achtsamkeitsmethoden würden gelehrt, die den Teilnehmern den Stress in Büro und Alltag nehmen würden. Sofort war ich erneut Feuer und Flamme von der Idee, mehr Mindfulness in mein Leben einziehen zu lassen. Schließlich hat genau ebenjener Stress mir die Schuhe ausgezogen – und mich in eine ungewollte Auszeit katapultiert.

Der Nachmittag war toll. Ein wirkliches Erlebnis.

Die sehr sympathische Trainerin erinnerte mich ein wenig an einen modernen Hippie. Sie erzählte, dass sie eine Hälfte des Jahres auf Marbella verbringe, um sich selbst zu justieren, und in der anderen Hälfte gebe sie ihre Kraft und Erfahrung an die Teilnehmer weiter. An Menschen wie mich. Zugegebenermaßen empfand ich, in legerer Jogginghose und lockerem Shirt gekleidet, sowohl die Atemübungen wie das Poweryoga (wobei sich für mich die Wortkombination schon widerspricht) als sehr angenehm. Die Konzentrationsübung, sich ganz bewusst auf den linken kleinen Zeh zu fokussieren, überforderte mich aber. Ehrlich gesagt, war mein Zeh bis zu jenem Zeitpunkt eher von geringem Interesse für mich. Auch verspürte ich nur dann aktiv, dass meine Achtsamkeit ihm gegenüber deutlich nachließ, wenn ich mir ihn morgens mit aller Kraft und Unvorsichtigkeit an die Bettkante stieß.

Dennoch, mein Eindruck war nach meiner zweiten Achtsamkeitserfahrung ein sehr guter. Ich nahm mir vor, die gelernten Übungen öfter zu tätigen und darüber hinaus zu beginnen, meinen Tagesablauf mit einem Mindfulness-Planer, eine Art Filofax für die hauseigene Selbstverbesserung, zu gestalten.

Nach einer Woche schmiss ich hin. Ich hatte die Schnauze voll. Denn ich hatte mehr Stress damit, mich selbst zu optimieren, anstatt mich wirklich um mich zu kümmern. Die ganzen Mentalübungen zu machen, meinen Tagesplan auszufüllen, Sternchen für gute Erlebnisse zu colorieren und die schlechten Erfahrungen durch Poweryoga aus dem Hirn zu bekommen kostete derart viel Zeit, dass die eigentliche Arbeit und meine Aufgaben im Privaten völlig in den Hintergrund gerieten. Und liegen blieben. Ich fühlte mich fremdbestimmt. Und das von mir selbst!

Darüber hinaus empfand ich die neunmalklugen Motivationssprüche meines Tagesplaners als Beleidigung meiner emotionalen wie rationalen Intelligenz: »Leben ist das mit der Freude und den Farben. Nicht das mit dem Ärger und dem Grau.« An dieses Harmonieheroin kann ich mich besonders gut erinnern, weil ich mich richtig über diese Kalenderweisheit geärgert habe. Erstens: Grau ist ebenfalls eine Farbe. Nun gut, genau genommen eine farbliche Abstufung aus der Mischung zweier Farben. Oder noch exakter: ein Kind der funktionellen Farbe Schwarz und der Summe aller Farben, nämlich Weiß. Zweitens: Grau und Ärger gehören genauso zum Leben wie Bunt und Freude. Ohne Ärger würden wir die Freude nicht erkennen, ohne Grau kein Bunt. Ohne Schwarz kein Weiß, ohne Böse kein Gut. Dieses triviale Ausblenden von Realitäten, von notwendigen Phänomenen war mir schlichtweg zu doof. Haken dran.

Manchmal muss man einen Schritt zurückgehen, um zwei voranzukommen. Und genau das tat ich. Ich verabschiedete mich von dem Gedanken, durch mehr Achtsamkeit mich selbst zu optimieren. Ich hatte einfach keine Zeit dazu. Außerdem war mir die pure Selbstbezogenheit in großen

Teilen nicht geheuer. Nicht zuletzt muss man festhalten, dass die gesamte Bewegung nichts anderes ist als ein weiteres Heile-Heile-Segen-Pflaster unserer schnelllebigen, hochleistungsorientierten Zeit.

»Beim Praktizieren der Achtsamkeit geht es darum, die negativen Auswirkungen unserer heutigen Arbeitswelt, nämlich Stress, durch Selbstoptimierung besser in den Griff zu bekommen. Es hilft aber nichts, dauerhaft Stress nur besser zu händeln und Körper wie Geist ›Ausgeglichenheit‹ und ›Entschleunigung‹ vorzugaukeln. Vielmehr wird durch Selbstoptimierung das eigene Tempo weiter erhöht, um noch leistungsfähiger zu werden.« Kluge Worte, die leider nicht von mir stammen, sondern von meiner Psychotherapeutin, die ich nach meinem Scheitern mit der Achtsamkeit weinend aufsuchte. Der Selbstoptimierungsprozess hatte mir nämlich nur zwei Dinge gebracht: weiteren blanken Stress und ein erneutes Stechen im Kopf. Nun wusste ich weder ein noch aus. »Hören Sie weiter auf sich. Auf Ihren Bauch. Auf sonst nichts. Machen Sie, was gut für Sie ist. Wenn Ihnen Yoga zu langweilig ist, dann pfeifen Sie drauf.«

Nach diesem Gespräch war ich sehr verärgert. Über mich selbst. Als viel denkender und tiefgründig philosophierender Mensch bin ich dennoch in die Falle getappt, andere für mich denken und entscheiden zu lassen. Sicherlich gibt es grundlegende Tipps und Methoden, die bei jedem Menschen funktionieren, und trotzdem sind wir alle unterschiedlich. Niemand wird uns durch standardisierte Werke, durch Einheitskurse und Massencoachings die Aufgabe nehmen, uns selbst unser eigenes Rezept für die individuelle, persönliche »Achtsamkeit« zu kreieren. Vor allem aber gelingt es uns nicht, wenn wir nur an uns selbst herumdoktern. Mitgefühl für andere Menschen zu entwickeln ist mindestens so wichtig wie Selbstfürsorge, Mitmenschen zu helfen ebenso wichtig, wie sich selbst zu optimieren. Diese Balance ist jedoch kaum zu erreichen bei all den persönlichen Tasks und Aufgaben, die man für sich selbst erledigen sollte. Und wenn, artet dies in regelrechten Stress aus. Denn auch ein achtsamer Tag hat nur vierundzwanzig Stunden, abzüglich Poweryoga-Session.

Ich begann wieder konzentriert auf meinen Bauch zu hören. Dieser hatte und hat bis heute eine Abneigung gegen Yoga (nicht, weil Yoga an sich nicht gut wäre, es ist mir nur zu bewusst), und mein Bauch wollte mit Stress nicht besser umgehen, sondern schlichtweg weniger davon haben.

Selbstständigkeit und Unternehmersein hat viele Nachteile: Man verabschiedet sich von einer Vierzig-Stunden-Woche und kann sich über hundertzwanzig Stunden freuen, die Leistungsbereitschaft muss – tagtäglich – weit über den Durchschnitt hinaus abrufbar sein, permanentes Entscheiden, und für diese Entscheidungen anschließend die Verantwortung tragen, kostet sehr viel Kraft. Dies alles wissen Unternehmer vorher und jammern auch nicht, weil sie sich für ihren Beruf, der einer Berufung gleichkommt, entschieden haben. Gleichzeitig vergisst man vor lauter Verpflichtungen und bei vollem Terminkalender die Vorteile der Selbstständigkeit: sich hin und wieder Freiheiten zu nehmen, die man benötigt. Meist nehmen wir sie uns so lange nicht, bis der Körper sich holt, was er braucht.

So musste auch ich auf die »harte Tour« lernen, dass es neben dem unternehmerischen Dasein auch noch eine andere Zeit geben sollte, nämlich die für sich selbst. Zu meiner Freude traten meine schlimmsten Befürchtungen nicht ein: Obwohl ich einen Monat ans Klinikbett gefesselt war, ging nichts den Bach hinunter. Weder in der Firma noch in der Familie. Im Gegenteil. Meine Ladies und Gents nutzten meine Abwesenheit, um noch mehr zu zeigen, was in ihnen steckte. »Ohne dich lief es gut, Sina!«, sagte Hannelore, eine Kollegin, als ich wieder zurückkehrte. »Aber mit dir läuft es besser!«

Es muss aber nicht immer noch besser laufen, oftmals reicht es, dass es gut läuft. Dieser Satz war Erinnerung und Einladung an mich selbst, es auch mal gut sein zu lassen. Zum ersten Mal entschied ich nicht für meine Ladies, sondern für mich selbst. Ich begrub meinen Anspruch, in alles und allem stets das gute, vorangehende Beispiel für meine Kollegen und Kolleginnen zu sein. Dies begann mit der Entscheidung, morgens nicht mehr in der Früh um sechs Uhr ebenfalls zum Arbeitsbeginn anwesend zu sein. Meine Ladies und Gents nämlich hatten Feierabend um 14:45 Uhr, während ich alte Nachteule um diese Uhrzeit gerade einmal die Phase des Frühstückskaffees beendete. Schlafen ging ich meist weit nach Mitternacht, sodass mir über viele Jahre drei bis vier Stunden Schlaf reichen mussten und ich mit einem Dauerdefizit an Ruhe morgens bereits gestresst den Wecker gegen die Wand schmiss.

Heute stehe ich auf, wenn ich wach werde und mein Körper mir sagt, wann er bereit ist für den Tag. Meine Mittagspausen ignoriere ich nicht mehr, sondern zelebriere sie. In einem Café oder beim kleinen Italiener vor der Espressomaschine. Irgendwo dort, wo ich Menschen begegnen kann und bei gutem Kaffee Begegnungen genießen darf. Manchmal sogar ein interessantes oder amüsantes Gespräch. Seitdem ich diese und weitere Veränderungen, die mir persönlich guttun, pflege, verändern sie mich: Ich bin weniger lang in der Arbeit, arbeite aber intensiver. Ich habe weniger Stress, und mich stresst nichts mehr. Ich nehme mir mehr Zeit für Begegnungen und begegne mir selbst. Ich erlebe viel mehr und dabei mich neu.

Ungeachtet der trivialen Achtsamkeitstipps, so lange in sich hineinzuhorchen und alles, was wehtut, wegzumeditieren, alles, was ungesund ist, vom Ernährungsplan zu streichen, und Dinge, die Spaß machen, aber nicht ganz korrekt sind, von der To-do-Liste zu verbannen, geht es mir gut. Ich verhalte mich anders: Wenn ich einmal eine Scheißphase oder schlechte Laune habe, dann optimiere ich sie nicht weg. Ich lebe sie bewusst und pflege sie. Wenn ich Lust auf ein Steak habe, dann esse ich eines (sofern ich um die Erzeugung und Tierhaltung weiß und damit konform gehe!). Wenn ich Freude daran habe, eine Dummheit zu begehen, dann leiste ich sie mir. Mit allen Konsequenzen. Bei allem Spaß. Die wichtigste Frage für ein erfülltes Leben ist für mich nicht: »Wie erreiche ich Balance und Harmonie?«, sondern »Wann war zum letzten Mal dein erstes Mal?«

Wer nur noch darauf fokussiert ist, auf sich selbst und andere achtzugeben, sich dauerhaft in Gedanken um das eigene Ich zu verlieren, niemandem zu nahe zu treten, nichts Falsches zu tun, keine Fehler zu begehen, nirgendwo aufzufallen, immer in der eigenen Mitte zu sein etc. lebt ein Leben in wattierter Belanglosigkeit. Das Streben nach totaler Balance und dauernder Harmonie verhindert ein Leben, das meiner Meinung nach interessant ist: ein schön-schräges mit Ups und Downs. Man stelle sich das eigene Sein als EKG-Kurve vor: ohne Hochs und Tiefs, ohne Siege und Niederlagen. Das wäre eine harmonische, gerade Linie. Das wäre der Tod.

*Siege sind ein Verlust.*
*Denn aus Siegen lernt man nicht.*

# 7

## ECHTE GEWINNER TRINKEN AUS HALB VOLLEN GLÄSERN

Bigger, better, faster, more – immer schneller, immer höher und immer erfolgreicher wollen wir sein. Wir wollen mit unseren Gegnern, unseren Kollegen und Freunden, nicht nur mithalten, wir wollen sie übertrumpfen, um am Ende des Wettbewerbs als Gewinner hervorzugehen. Selbst wenn es nicht unseren Vorstellungen entspricht, permanent die Ersten und Besten zu sein, wird uns das Streben danach abverlangt. Schließlich erhalten in unserer Gemeinschaft nur die Menschen, die es aufs Siegertreppchen schaffen, die Aufmerksamkeit, die sich jeder wünscht. Die Zweit- und Drittplatzierten finden selbst im Sport kaum eine Erwähnung.

Das olympische Motto »Dabei sein ist alles« hat längst ausgedient. Denn: Die gesellschaftliche Entwicklung, dass nur noch die Gesündesten, Besten, Klügsten, Stärksten und Schnellsten einen garantierten Platz in ihr finden, hat unser Leben nicht einfacher gemacht. Im Gegenteil. Mehr und mehr sind wir damit beschäftigt, den eigenen Status an »Exzellenz« täglich unter Beweis zu stellen, um ja nicht auf verlorenem Posten zu landen. Das Hauen und Stechen im beruflichen Wettbewerb ist dabei schon zum Ausdauertraining im Leben geworden. Es wird getrickst und gemogelt, um an den »besseren« Job zu gelangen. Anschließend fröhlich gemobbt und gelästert, um unliebsame Kollegen aus dem Weg zu räumen. Im privaten Leben, das eigentlich der Entspannung dienen sollte, geht das permanente Messen auf verschiedensten Ebenen weiter. Nahezu jeder Haushalt mit Kind hat mindestens einen kleinen Einstein zu Hause sitzen, dessen große Jugend-forscht-Erfolge ganze Lokalzeitungsseiten füllen, während im Sportteil die Eltern im Amateur-Marathonlauf echten Profis den Rang ablaufen. (Dass die eine oder andere Abkürzung als kreative Streckeninterpretation, kurz blanke Mogelei, der Grund für herausragende Zeiten ist, wird prompt ausgeblendet.)

Doch nicht nur die Leistung von Körper und Geist wird einem permanenten Wettbewerb ausgesetzt. Selbstverständlich auch die Potenz des eigenen Geldbeutels. Zu gut erinnere ich mich an eine Situation aus meiner Zeit in der Werbung. Damals arbeitete ich für einen Direktvertrieb, der hochwertigen und teuren Designerschmuck herstellte und vertrieb. Ich musste sogenannte Hidden Partys besuchen als eingeschleuster Gast, um die Beratungsqualität der Schmuckrepräsentantinnen zu analysieren und zu beurteilen und anschließend Ideen zu erarbeiten, wie man solche Präsentationsveranstaltungen verkaufsfördernder gestalten könnte.

Es war eine meiner leichtesten Aufgaben, wie sich herausstellte. Mein Vorschlag, nach drei besuchten Partys, war ein sehr einfacher und dafür umso wirksamer. »Ihr müsst einfach nur vier enge Freundinnen an einen Tisch setzen, dann verkauft sich euer Zeug von selbst!«, sagte ich dem damaligen Geschäftsführer.

»Aber dann wird das doch viel zu privat, und das Produkt rückt aus dem Fokus«, warf er ein.

»Im Gegenteil«, sagte ich und berichtete vom Erlebten.

»Es geht auf solchen Partys nur darum, ›besser zu sein‹. Wenn Freundin Nr. 1 das Armband kauft, kauft Freundin Nr. 2 es ebenfalls. Um zu zeigen, dass sie es kann. Zudem legt sie die Ohrclips drauf! Freundin Nr. 3 nimmt gleich das gesamte Set inklusive Ring und Halskette. Damit hat sie in der Runde klargemacht, wer die Stärkste ist und wessen Ehemann die meiste Kohle nach Hause bringt! Das ist ein reines Wettrüsten, wer sich mehr leisten kann, und irgendwann gibt es eine Siegerin. Party aus, Umsatz gemacht!« Diese kleine Änderung im Vertriebskonzept bescherte dem Unternehmen eine signifikante Umsatzsteigerung. Und mir die Bestätigung, dass es Menschen fast immer nur ums Siegen geht.

Um ehrlich zu sein: Ich nahm mich nicht aus. Auch ich war ein echter Siegertyp. Wer sich mir in meiner ersten Karriere als Werberin in den Weg stellte, wurde plattgemacht. Ich hatte das Recht gepachtet und die Kraft, mir mein Recht zu nehmen und dieses mit allen Mitteln durchzusetzen. Bei den Konzeptionen präsentiere ich meinen Kunden meist nur eine: meine. Die beste. Die Wirkung meiner damaligen Arbeit gab mir wiederum recht. Kurze Zeit später begann auch bei mir das Wettrüsten der Statussymbole, wenngleich nicht selbst initiiert. »Jetzt zahlen wir Ihnen schon so viel Geld, und Sie fahren immer noch so einen alten Wagen. Man könnte ja glatt meinen, Sie müssten umsonst bei uns arbeiten!«, sagte einst ein Kunde zu mir, als ich mit einem in die Jahre gekommenen 5er BMW vor seiner Unternehmung parkte.

Sehr schnell lernte ich mit Anfang zwanzig, dass es zum geleisteten Erfolg dazugehört, dass er auch nach außen getragen wird. Für sich selbst – und für die anderen. Folglich begann auch ich das altbekannte Spiel: teure Uhren, schicke Autos, exklusive Designerfummel. Mit jedem Teil mehr, das an mir bewundert wurde, gefiel mir das Spiel besser. Was ich dabei nicht bemerkte: Mit jedem weiteren Statussymbol, das bewundert wurde, wurde meine Person weniger wahrgenommen, geschweige denn geschätzt. Die Menschlichkeit wich einer Materialschlacht. Im Laufe der Zeit musste ich erkennen, dass das Lob für eine Uhr eine deutlich geringere Halbwertszeit besitzt als anerkennende Worte für das eigene Tun. Ein Brandbeschleuniger fürs Siegenwollen, hin zum Siegenmüssen.

Diese Entwicklung, das dauernde Streben nach dem nächsten Sieg, macht rastlos. Auch mich. Ich war immer auf dem Sprung – zum nächsten Gewinn. Mit dem sprichwörtlichen halb vollen Glas Wasser rannte ich durch die Gegend, damit es bis zum Rand gefüllt wird. Je mehr Flüssigkeit im Glas war, also je mehr Erfolg ich einfuhr, umso vorsichtiger musste ich laufen, um nichts zu verschütten. Anstatt mich mit dem kostbaren Gut Wasser behutsamer und langsamer zu bewegen, begann ich, den Inhalt meines Glases zu verteidigen, indem ich alles, was sich mir in den Weg stellte, wegräumte. Bisher Erreichtes will sich schließlich niemand nehmen lassen. Ich ebenso nicht.

So wurde aus dem Begehren nach Sieg, Krieg: Land gewinnen nach oben und Grenzen verteidigen nach unten. Diese martialische Kampfbereitschaft verändert Menschen. In der Haltung, im Duktus, im Charakter. Man darf sich demnach nicht wundern, dass wir uns heutzutage über eine Welt echauffieren, in der niemand mehr Zeit hat für ein gutes Wort oder ein offenes Ohr, denn wir sind im Krieg. Im Leistungskrieg nach persönlichen Siegen, die uns aufs Treppchen katapultieren.

Ich habe lange darüber nachgedacht, warum eine meiner engsten Vertrauten, Miriam, mir vor Kurzem gebeichtet hat, dass sie mich »heute viel sympathischer findet als vor drei Jahren: weicher, offener, reflektierter und freundlicher«. Obwohl sie das als Kompliment meinte, trafen mich ihre Worte sehr. War ich ernsthaft eine derartige Egoistin, fragte ich mich. Nach vielen Abenden des Nachdenkens war mir klar: Ja, das war ich. Ich war ein arrogantes Arschloch. Ein egozentrischer Gewinner mit ungebrochenem Ehrgeiz. Dieser Siegeswille hatte auch mich verändert: mein lustig-leichtes Auftreten wich dem einer Kampfmatrone, der warme Tonfall, für den mich meine Gesangslehrerin stets gelobt hatte, änderte sich in ein aggressiv-bedrohliches Stakkato. Selbst meinen strammen Gang, das scharfe Stöckelschuh-Klackern einer Ü-100-kg-Frau, konnte man hören. Sollte man auch. Jeder sollte mitbekommen, wer gleich den Raum betrat. Möglicherweise gab es einzelne Versuche aus meinem Umfeld, mir einen gut gemeinten Ratschlag bezüglich meiner Art und meines Auftretens nahezulegen, aber ich ließ niemanden ausreden. Nie.

Heute passiert es mir immer noch, dass ich uncharmant meinem Gegenüber ins Wort falle. Zeitgleich könnte ich mir auf die Zunge beißen und ermahne mich innerlich, weiter an mir zu arbeiten. Tief verankerte Verhaltensmuster brauchen mindestens dieselbe Zeit, um sie wieder loszuwerden, wie es brauchte, um sie sich anzueignen. Anderes geht einfacher: Die Stilettos wurden abgelöst von leisen Turnschuhen, und meine Leichtigkeit blühte wieder auf, als ich meinen unbedingten Siegeswillen begrub. Das Siegen nämlich bringt einen nur in der Karriere weiter, nicht aber im Leben. Dass es neben dem Erfolg auch ein Leben gibt, wird zu gerne vergessen.

Philosophisch betrachtet, ist Siegen ein Verlust: Aus Siegen lernt man nicht. Auf den kurzen Triumph folgt der nächste

Kampf. Sieg, Triumph, Kampf. Sieg, Triumph, Kampf. Und wieder von vorne. Eine Energie saugende Dauerschleife. Der Antriebsmotor unserer Leistungsgesellschaft. Das Wichtigste aber: Ein Sieg stellt in Feierlaune keine Fragen, sondern manifestiert Ausrufezeichen. »Du bist so toll!«, »Die hast du plattgemacht!«, »Das Glas ist voll!« Sieg für Sieg wird das eigene Ego gestützt, bis nichts mehr übrig bleibt vom eigentlichen Menschen. »Oben ist die Luft dünn«, heißt ein Sprichwort, womit oftmals erklärt wird, warum knallharte Gewinner nicht selten einsam auf dem Gipfel des Triumphs sind. In Wahrheit aber bleibt dem Rest viel zu wenig Luft, weil das übersteigerte Ausrufe-Ego die Arroganz in tiefen Zügen auf Lunge inhaliert und seinem Umfeld jeglichen Atem nimmt. Echte Siegertypen stellen eben nichts und niemanden infrage!

Die Niederlage hingegen fördert sehr wohl Fragen zutage: »Was hättest du besser machen können?«, »Was war richtig und was falsch?«, »Warum hast du das Glas verschüttet?« Nur durch Misserfolge können wir Erfahrungen sammeln. Nur durch Fehlschläge werden wir gezwungen, uns mit uns selbst auseinanderzusetzen und selbstkritisch das eigene Handeln und Sein zu hinterfragen. Deshalb sind sie so wertvoll wie notwendig.

Als ich aufhörte, ständig das unbedingte Siegen anzustreben, fand ich die richtigen Fragen und gewann – an Zufriedenheit im Leben. Die Frage nach dem Glück heißt nicht: »Warum ist das Glas nicht voll?«, sondern: »Habe ich mit der im Glas vorhandenen Menge ein gutes Leben?« Echte Gewinner trinken aus halb vollen Gläsern. Sie haben die Erfahrung gemacht, dass es Platz braucht, für den Moment, wenn einem das Leben mal wieder einschenkt.

*Nicht alles ist möglich.*
*Aber alles ist einen Versuch wert.*

# 8

# WARREN BUFFETT UND DIE ROSENCREME

Die Welt um uns und in uns wandelt sich nicht abrupt. Es ist vielmehr ein steter und langsamer Prozess der Veränderung. Wann aber war es, als wir aufgehört haben, in kindlicher Unbekümmertheit zu tun, was zu tun ist? Zum Beispiel durch den Matsch waten, ohne darauf zu achten, dass die Kleidung sauber bleibt. Rauchen und Bier trinken, ohne permanent die Gesundheit im Blick zu haben. Bei sengender Hitze mit den Bürokollegen ein Spaghettieis essen gehen, statt miteinander schweigsam zu schwitzen. Die unverblümte Wahrheit sagen, statt diplomatisches Geschwurbel von sich zu geben. Offen auf jeden zugehen, statt uns gekünstelte Achtsamkeitsaugenhöhe vorzugaukeln. Es war, als Verbote und Vorurteile in unser Leben und somit in unser Denken einzogen. Schubladenweise. Über die Jahre hinweg wurde aus der kleinen Klischee-Kommode der Kindheit eine überdimensionierte Apothekerschrankwand in Eins-a-Pflegezustand.

Unbestritten, Verbote machen irgendwie Sinn. In Form von Gesetzen zum Beispiel. Sie gestalten einen Teil des normativen Rahmens, den sich eine Gesellschaft innerhalb einer Rechtsstaatlichkeit zugelegt hat. Dann aber wird es schon schwieriger, eine überzeugende Bedeutung in Verboten zu sehen. Wer Kinder hat oder sich selbst an seine

Kindheit zurückerinnern möchte, wird wissen, Untersagungen bringen überhaupt nichts. Spricht man eine Restriktion gegenüber der eigenen Brut aus, erhält man oftmals eine rotzige Reaktion und macht das Verbotene gleichzeitig noch interessanter. Eine erfolgreiche Erziehung basiert für mich demnach auf Vorleben statt Verbieten. Aber dies nur am Rande.

Eine viel größere Rolle für das allmähliche Verkümmern sorgloser Handlungsweisen spielen meiner Meinung nach Vorurteile. Wir urteilen über eine Person, Situation oder ein bevorstehendes Geschehnis vorab, ohne uns einen eigenständigen Eindruck verschafft oder die Realität überprüft zu haben. Vorurteile haben kein gutes Image, denn zu sehr denken wir dabei an negative Vorverurteilungen. Flüchtlinge kommen nur aus wirtschaftlichen Gründen, Banker haben es ausschließlich auf das Geld abgesehen, Arbeitslose sind alle faul und schmarotzend, und – nicht zu vergessen – der Staat verprasst sowieso nur unser hart erarbeitetes Geld. (Dass Dicke alle nur zu viel futtern, bequem sind und sich zu wenig bewegen, ist, sofern keine ernsthafte medizinische Indikation vorliegt, kein Vorurteil mehr für mich. Das ist Fakt, den ich am eigenen Leib überprüfen konnte.)

Dabei können Vorurteile übrigens auch positiver Natur sein, sie sind nur viel seltener. So schreibt der Verliebte seiner Angebeteten möglicherweise Fähigkeiten und Eigenheiten zu, die er vermutet, aber noch nicht wirklich geprüft hat. Der unerschütterliche Glaube eines Kindes an die Kraft der Eltern ist ebenfalls ein fast schon instinktives Vorurteil.

Vielleicht sind positive Vorurteile deshalb deutlich seltener als negative, weil Letztere wunderbar als gesellschaftlicher Fensterkitt funktionieren? In unserer Gesellschaft gibt es ethische und moralische Werte, denen wir uns mehr oder weniger verpflichtet fühlen. Verstößt jemand gegen diese Regeln, müssen wir nicht lange darüber nachdenken, um festzustellen, dass diese Person etwas Falsches getan hat. Wenn wir einmal genauer hinsehen, müssen wir bei allen Werten, die wir in unserer Gesellschaft teilen, nicht lange nachdenken, um zu erkennen, wenn ein Regelverstoß erfolgt ist. Alle kulturellen, religiösen und gesellschaftlichen Werte, die wir also innerhalb unserer Gemeinschaft teilen und als Individuum leben, werden in Form von Vorurteilen abgespeichert. Der Vorteil dieses Ablagesystems ist ein schnelles Reagieren auf Geschehnisse, der Nachteil leider, dass diese Vorurteile ebenso schnell aus der Schublade geholt werden und sich gegen alle anderen Kulturen, Religionen und Gesellschaften richten.

Gelebte Vorurteilspflege dürfen wir seit geraumer Zeit jeden Montag in Deutschlands Osten erleben: in Dresden, einer wunderschönen Stadt, treffen sich stets zu Wochenbeginn besorgte Bürger, die offen ihre Vorurteile gegen das religiöse und kulturelle Fremde pflegen. Die Hartnäckigkeit dieser kleinen, aber beständigen Bewegung, die ihre Tragfähigkeit ausschließlich auf Vorverurteilungen ohne anschließenden Realitätscheck baut, zeigt, wie schwierig es ist, einmal gefällten Vorurteilen Gewicht zu nehmen und diese wieder aus den Köpfen der Menschen zu bekommen. Gleichzeitig beweist es auch, wie sehr Menschen das Einfache und Bequeme suchen. Haben sie dies in ihren Augen gefunden, wird daran festgehalten und nicht mehr gerüttelt, selbst wenn durchaus schlüssige Erklärungen das Gegenteil beweisen. Anstelle sich erneut mit der Thematik auseinanderzusetzen, was sehr mühsam wäre, werden Fakten und überprüfbare Wahrheiten als Fake News abgestempelt, die Aufklärer als Lügenpresse vorverurteilt.

Nicht nur in größerem, gesellschaftlichem Kontext, selbst im kleinen, persönlichen Rahmen verwenden wir privat wie geschäftlich für unsere eigene Orientierung und das anschließende Handeln oder Unterlassen sehr oft Vorurteile. Nur sind diese uns, weil wir schließlich nicht darüber nachdenken müssen, schlichtweg nicht bewusst. Der hagere, tätowierte Kahlkopf mit mehr Metall am Körper als im Besteckkasten? Das muss ein arbeitsloser Krimineller oder drogenabhängiger Penner sein! Der Faktencheck: Bei der Beschreibung meinte ich den renommierten Kriminalbiologen Dr. Mark Benecke, eine Koryphäe seines Fachs und »Herr der Maden« genannt.

Wir nutzen also bereits Vorurteile, wenn es um das Aussehen eines Menschen geht. Diese Vorverurteilungen nähren wir mit Klatsch und Tratsch und der eigenen Lebenserfahrung. In den meisten Fällen aber sind gerade Vorurteile gegenüber äußerlichen Merkmalen jene, die am wenigsten stimmen – und helfen. Mir selbst ist dies ebenfalls passiert.

Als ich Dori, eine liebe Freundin, zum ersten Mal sah, dachte ich: Oh Gott, goldbehangen wie ein Christbaum, überall glitzert und scheppert es. Überdimensionierte Hermes-Handtasche und erzählt auch noch, dass sie ihren Mann gebeten hat, einen Umweg zu fliegen, um den speziellen Chanel-Nagellack, den es nur an einem bestimmten Flughafen gibt, zu holen. Was für eine oberflächliche, hohle Nuss! Das dachte ich. Ich habe richtiggehend in mich hineingelästert und schön mein Vorurteil gehegt und gepflegt gegenüber dem Stereotyp »Edeltussi«. Gleichzeitig musste ich mich zumindest die nächsten zwei Stunden mit der Anwesenheit der »Edeltussi« arrangieren, da sie nun einmal die Frau eines guten Freundes ist. So kamen wir unvermeidbar ins Gespräch.

Je länger unsere Unterhaltung dauerte, umso kleiner

wurde mein Vorurteil. Und umso größer meine Scham. Weil ich erkennen musste, dass ich dieser Frau mit meiner primitiven Art der Vorverurteilung großes Unrecht getan hatte. Dori ist Doktor der Chemie und leitende Mitarbeiterin in einem Pharmakonzern. Von wegen hohle Nuss, ein wahres Superbrain! Ihren Hang zu opulentem Schmuck und außergewöhnlichen Accessoires zelebriert sie richtig: »Mir gefällt es, wenn es funkelt und klingelt. Ich bin Bling-Bling-Dori!« Mit Witz und Charme kochte Dori den Rest meines Vorurteils nieder. Ich erzählte ihr, was ich ursprünglich von ihr dachte, und vergaß nicht, mich zu entschuldigen. »Ach, mach dir nichts daraus, Sina«, winkte sie ab. »Das passiert mir öfter. Da sind viele verwundert, dass hinter der Tussi Hirn steckt!« Dieses Erlebnis ist nun ungefähr sieben Jahre her. Seitdem sind wir sehr gut befreundet. Seitdem gehe ich ausnahmslos vorurteilsfrei auf Menschen zu. Wie auch immer sie aussehen, sich verhalten oder sonstige für mich eigenartigen Merkmale besitzen oder verkörpern: Ich rede mit jedem und gebe jedem eine Chance. Ich versuche jedem Menschen so zu begegnen, wie man es sich selbst auch von anderen wünscht. Irgendwann sind diese verflixten Vorurteile übrigens vergessen, weil es in unserem eigenen Hirn ordentlich »bling-bling« gemacht hat.

Die Geschichte von Dori und mir zeigt auch schön, dass Vorurteile uns Möglichkeiten im Leben nehmen, weil sie uns vorher schon ein zu erwartendes Ergebnis vorspielen und wir uns anschließend nicht auf den Weg machen, den es zum Erfolg bräuchte. Wäre ich meinem Vorurteil blind gefolgt, würde mein Leben um eine wertvolle Freundschaft ärmer sein. Der Vorteil von Vorverurteilungen, nämlich einen kurzen zeitlichen Vorsprung gegenüber anderen bei der Entscheidungsfindung zu haben, ist deutlich geringer als der in meinen Augen sehr gefährliche Nachteil dieser betonierten Schubladendenke: Vorurteile killen wirklich jede Chance. Gerade im Berufsleben.

Mit Vorurteilen täuschen wir uns selbst. Wir gaukeln uns vor, Risiken zu minimieren, weil wir durch Vorurteile unsere eigene Welt in ihrer Vielschichtigkeit und Mannigfaltigkeit auf ein Minimum zusammendampfen. Wen interessiert schon die Realität und Wahrheit, die oftmals nur in ihrer Komplexität verstanden werden kann, wenn eine komprimierte Halbwahrheit, ein kurzes Vorurteil viel komfortabler ist? Weniger Aufwand, kaum Denken, Stempel drauf und fertig. Die wirklich großen Chancen bekommt man aber nicht für kleine Risiken. Oder im Umkehrschluss: Wer ausschließlich in vermeintlich risikominimierenden Vorurteilen denkt und handelt, wird sich selbst jede Chance zunichtemachen. Der große Erfolg nämlich bringt großes Risiko mit sich. Und freies Denken. Neues Denken. Alte Muster in Form von Vorurteilen überdenken. Und infrage stellen.

Jeder von uns kennt diesen abgedroschenen Spruch »Sag niemals nie«. Nur: Wie oft fällt an einem einzigen Tag das Wörtchen »nie«? Oder »nein«? Wir wüssten ja, was zu tun ist, wir machen es nur nicht. Der Grund dafür ist einfach: Wir beanspruchen das eine zu viel und das andere zu wenig – Vorurteile und Hirn. Öfter mal nachdenken und weniger vorverurteilen. Diese Vorurteile entbinden uns vom Selbstdenken. Dieses aber ist dringend notwendig, um zu machen. Nur wer es denken kann, kann es auch tun.

Selbstverständlich müssen wir dabei nicht veränderbare Realitäten anerkennen. Nicht alles ist möglich. Alles aber ist einen Versuch wert. Wenn wir uns zurückerinnern: Was haben wir ausprobiert und getestet, versucht und experimentiert. Und heute? Heute haben wir scheinbar alle unsere Erfahrungen schon gemacht. Komisch klingende Ideen weisen wir mit »völliger Blödsinn« zurück, verrückte Aktionen mit »Das klappt doch nie!«. Als hätten wir die besagte Weisheit mit Löffeln gefressen. Derweil waren es nur eine Portion Vorurteile vom Hauptgang und als Nachtisch ordentlich Bequemlichkeit. Erneut zum Denken bringen musste mich niemand, denn das Philosophieren, Denken und Reflektieren sind Beschäftigungen, denen ich sehr gerne nachgehe. Mich von meinen Vorurteilen abzubringen hingegen war ein langer Weg.

Gerade in der Zeit, als ich Teil der Werbebranche war, häuften sich diese negativen Urteilsempfehlungen gegenüber jedem und allem. Schließlich war und ist immer noch ein sehr erfolgreiches Stilmittel in der werblichen Kommunikation und der PR das überspitzte Spiel mit Vorurteilen, Stereotypen und Klischees. Bereits durch das Erlebnis mit Dori gewann ich einen enormen Grad an Vorurteilsfreiheit, der sich in der Zeit, in der ich manomama aufbaute, gerade im Bereich des Personalwesens äußerst positiv zeigte. So richtig zur absolut unvoreingenommenen Macherin, die Spaß am Austesten und Versuchen hat, wurde ich erst in den letzten Jahren. Natürlich trägt hier das Finden und die Entwicklung meiner eigenen Person bei, aber ebenso eine sehr eindrückliche Begegnung, die schräger, verrückter und gleichsam lehrreicher nicht hätte sein können. Sie wäre niemals zustande gekommen, hätte ich nicht längst meine Vorurteile gegenüber Menschen, die völlig anders sind als andere, abgelegt.

Eine alte Dame, knapp achtzig, mit millimetergenau akkurater Mireille-Mathieu-Frisur in Tiefschwarz und einem grellbunten, wild gemusterten Kleid, stand im Firmenaufenthaltsraum und bat darum, mich zu sprechen. Ich ging zu ihr und erkannte sie wieder: Es war die quirlige, kämpferische Mutter eines gehandicapten Sohns, für den sie unermüdlich den »richtigen« Platz im Leben suchte. Und immer noch sucht. »Ich werde nicht jünger«, sagte sie. »Das muss erledigt sein!« Dabei gestaltete sich die Suche nach einem geeigneten Platz derart schwierig, weil ihr Sohn, flapsig formuliert, zu wenig Handicap für eine klassische Behindertenstätte hatte und zu viel Behinderung für ein völlig eigenständiges Leben. Deshalb besuchte sie mich und bat mich um Hilfe.

Schon einmal tat sie dies und wünschte sich, einen Brief ihres Sohns über meine sozialen Kanäle zu teilen. Ich half gerne, aber die Reaktionen gingen leider in die völlig falsche Richtung. Weil es eben mit ihrem Sohn auch nicht einfach ist. Bei dem Wort »Behinderung« greift sofort ein Vorurteil und die gut gemeinten Antworten: »Da gibt es doch so viele Einrichtungen.« Aus diesem Grund war ich grundsätzlich skeptisch, ob ich ihr wirklich helfen konnte. Dies sagte ich ihr auch. »Sie sollen ja auch nur mal nachdenken, ob Ihnen etwas einfällt«, hielt die besorgte Mutter dagegen. »Außerdem bin ich hier, um auch einmal Danke zu sagen.« »Oh, das müssen Sie nicht«, antwortete ich verlegen. »Ich habe das gerne gemacht, auch wenn es nicht den gewünschten Erfolg brachte!« »Noch nicht!«, betonte Frau W. und kramte in ihrer Tasche einen Zettel heraus. Sie legte ihn auf den Tisch, bügelte ihn mit der Hand ein bisschen glatter und begann zu erzählen: »Das schenke ich Ihnen. Es ist das weltbeste Rezept einer Rosencreme. Vor vielen Jahren habe ich es selbst entwickelt und produziert. Damit bin ich immer auf den Markt gegangen, und, das können Sie sich gar nicht vorstellen, so viele Kunden liebten meine Rosencreme. Das würden sie noch heute. Schließlich ist es die beste Rosencreme.« Ich war völlig perplex. »Ich fühle mich sehr geehrt, aber ich glaube, ihr weltbestes Rezept für eine Rosencreme ist bei mir nicht gut aufgehoben. Dafür würde ich keine Zeit finden: anrühren, mich auf den Markt stellen und ...« Die alte Dame unterbrach mich forsch. »Das sollen Sie ja auch nicht! Sie nehmen jetzt das Rezept. Dann gehen Sie an Ihren Rechner und schreiben Warren Buffett eine E-Mail. Die muss lauten: ›Dear Mister Buffett und so weiter, Sie sind sicherlich interessiert an Big Business. Deshalb schreibe ich Ihnen heute, denn ich habe das weltbeste Rosencreme-Rezept. Das ist Best Business. Und daraus müssen wir beide Big Business machen.‹ Dann Ihren Namen, die Telefonnummer und raus!«

Die ganze Situation, die kleine alte Dame im schrillfarbigen Gewand und mit breitem schwäbischem Dialekt, der alte abgegriffene Zettel, das Big Business mit oller Rosencreme, war mehr als skurril. Ich sagte: »Frau W., wie stellen Sie sich das vor? Ich ...« Sie unterbrach mich erneut: »Ganz einfach, Mensch Meier. Sie schreiben jetzt diese E-Mail!« »Noch mal, Frau W. Ich bin mir sicher, dass Warren Buffett nicht interessiert ist an dem weltbesten Rezept für eine Rosencreme.« Sie zog die Augenbrauen hoch und sah mich mit festem Blick an. »Weiß man's?«

Die alte Dame hatte recht: Man wusste es nicht. Ich auch nicht. Erst, wenn wir ausprobieren und Erfahrungen einsammeln, wissen wir, ob zum Beispiel Buffett ein Faible für Investitionen in bayerisch-schwäbische Rosencremes hat oder nicht. Mir aber hat meine vorverurteilende Haltung der Besserwisserei das Gewinnen von echtem Wissen durch Handeln vorenthalten. Seitdem frage ich mich beim kleinsten Anflug von Vorurteil: »Weiß man's?«, und habe großen Spaß am Testen und Beweisen, ob und was möglich ist. Es geht so unendlich viel. Man muss es nur austesten. Die damit verbrachte Zeit geht nicht verloren, im schlimmsten Fall nur das Vorurteil.

PS: Wenn die letzten Seiten dieses Buchs geschrieben sind, verfasse ich eine E-Mail. An Warren Buffett. Betreff: »World best rose cream recipe from Germany«. Kennt jemand seine E-Mail-Adresse?

*Was du schaffst, ist deine Stärke.*
*Was dich schafft, ist deine Schwäche.*

# 9

# SCHWIMME NICHT MIT FAULTIEREN

Jeder von uns würde, ohne darüber nachzudenken, einen Wettlauf mit einem Faultier eingehen. Weil wir bereits vor dem Start siegesgewiss sind. Schließlich ist zügiges Laufen definitiv ein Manko des Tiers. Aber gegen das Faultier schwimmen? Die Anzahl der wettbewerbswilligen Gegner würde merklich schmelzen, denn die schwimmerischen Qualitäten eines Faultiers sind nur spärlich in der Fachliteratur dokumentiert. Ich darf verraten: Wir würden verlieren. Die eigentliche Fertigkeit des Faultiers ist es nämlich, sich im Wasser fortzubewegen. Unser Bild von den gemütlichen Gesellen ist aber nur, wie sie bewegungsarm an einem Ast baumeln. Das Faultier schwimmt selten, nahezu überhaupt nicht. Es spielt also sein Können im Alltag nicht aus. Uns Menschen geht es oftmals genauso: Die echten Fähigkeiten, die wir haben, und die Fertigkeiten, die wir daraus entwickeln, nutzen wir kaum oder, im schlimmsten Fall, gar nicht. Weniger, weil wir sie im Gegensatz zum Faultier nicht bräuchten, sondern viel mehr, weil wir uns keine Zeit geben, um herauszufinden, was wirklich in uns steckt.

Würde bereits im Kindergarten und in der Schulzeit den Fähigkeiten und Fertigkeiten eines jungen Menschen mehr Beachtung geschenkt als dem stupiden Einmeißeln von standardisierten Lehrplänen, sähe unsere Welt sicherlich anders aus. Würden wir nicht anschließend studieren, was der Arbeitsmarkt in Zukunft braucht, oder den Beruf ergreifen, der uns den lang ersehnten Erfolg und damit das Geld und den Status ermöglicht, dem wir lange hinterherhechten, wäre das Leben jedes Einzelnen von uns erfüllender.

Zu gut erinnere ich mich an eine ehemalige Praktikantin in meiner Werbeagentur. Sie war eigentlich Landschaftsgärtnerin und hatte diesen Beruf mit Leib und Seele ergriffen. Aufgrund gesundheitlicher Probleme konnte sie den körperlich anstrengenden Job nicht mehr ausüben. Sie selbst war unter Druck, ihr Leben schnellstmöglich wieder in geregelte Bahnen zu bekommen, und so besuchte sie die Berufsberatung des Arbeitsamts. Dort wurde sie innerhalb von zehn Minuten »beraten«. Das Amt nannte es Fähigkeitstest. »Eigentlich wurden mir nur drei Fragen gestellt«, erinnerte sie sich. »Kaufen Sie gerne Markenprodukte? – und ich antwortete mit Ja«, erzählte sie weiter. Die beiden anderen Fragen, »Interessieren Sie sich für Mode und Kunst?« sowie »Nutzen Sie ab und an einen Computer?«, bejahte sie ebenfalls. In null Komma nichts hatte meine Praktikantin einen Umschulungsvertrag zur Mediengestalterin.

Das war Anfang der 2000er-Jahre der In-Beruf, und die Arbeitsmarktnachfrage war riesig. Alleine die Fähigkeiten und Fertigkeiten meiner Praktikantin reichten nicht annähernd aus, um eine gute und somit erfolgreiche Mediendesignerin zu werden. Das Amt jedoch hatte entschieden. Mit Ach und Krach bildete ich sie aus, und gemeinsam schafften wir die Prüfung. Nur: Spaß hatten wir beide nicht. Anschließend entschied sie sich, einen Schritt zurückzugehen, denn ihre eigentlichen Fähigkeiten lagen –

das war bereits nach kurzer Praktikumszeit klar – im Organisieren, Umsorgen eines Teams, Zupacken bei Problemen und in der Beratung. Später wechselte sie wieder fast ins Fach: in die Gartenabteilung eines Baumarkts. Alles war wieder im »grünen Bereich«.

Um also glücklich und zufrieden im Berufsleben zu sein, muss die ausgeübte Tätigkeit zumindest annähernd den Fähigkeiten und Fertigkeiten entsprechen. Dabei sind Fähigkeiten die Anlagen, die wir in uns haben. Wir spüren sie, wenn wir uns wortwörtlich »leichttun« mit einer Handlung. Fähigkeiten, die besonders ausgeprägt sind, kennen wir als Talent oder Begabung. Indem wir unsere Fähigkeiten fordern durch Handeln und Anwenden, realisieren wir die Fertigkeit. Mir zum Beispiel gehen malen, Klavier spielen und singen leicht von der Hand bzw. durch die Stimmbänder. Das Machen entwickelt die Fertigkeit. Und bei dauerhaftem Üben wird aus der Fertigkeit ein richtiges Können. Was das Klavierspielen und Singen betrifft, scheiterte es bei mir kläglich an der notwendigen Disziplin.

Gerade in den über zehn Jahren, in denen ich viele junge Menschen ausbilden durfte, wurde mir immer wieder vor Augen geführt, wie wichtig es ist, seinen Beruf auf Talent, Fähigkeiten und Fertigkeiten abzustimmen. Schließlich wird die berufliche Entscheidung die meisten Menschen ein ganzes Arbeitsleben begleiten, da nur wenige den Mut und die Lust, die Neugier und das Interesse aufbringen, irgendwann zwischen Berufseinstieg und Rente noch mal neu und völlig branchenfremd durchzustarten. Aber: Ein Beruf, der zwar viel Geld oder Ansehen bringt, jedoch gegen die eigenen Anlagen geht, ist kein Beruf. Es ist ein Job. Eine Tätigkeit, die genau so lange ausgeführt werden kann, wie sie vereinbar ist mit der wachsenden Sehnsucht des Menschen, endlich zu tun, was seinen Fähigkeiten entspricht.

Im Laufe des Lebens nämlich entdecken wir sie, wenngleich uns nur wenig Zeit in jungen Jahren dafür gegeben wird. Für viele aber kommt das Entdecken zu spät. Man schleppt sich zunehmend lustlos, unterfordert, falsch gefördert, einem Burnout nahe durch den beruflichen Alltag und freut sich Tag für Tag mehr auf den Feierabend. Das genaue Gegenteil jedoch soll es sein: Ergreift man einen Beruf (und dieses Wort kommt von Berufung!), der einem Spaß bereitet, weil er tagtäglich die eigenen Fähigkeiten und Fertigkeiten herausfordert und fördert, ist das morgendliche Aufstehen und In-die-Arbeit-Gehen die Freude des Tages, und nicht das Arbeitsende. Der nette Nebeneffekt: Macht man, woran man Spaß hat, ist man gut darin. Ein daraus resultierender Erfolg lässt sich nicht verhindern. Nur dieses Mal ist es Karriere mit Freude.

»Mich hat nie jemand gefragt, was mir Spaß machen könnte oder was ich gut kann, deshalb habe ich mich auch nie auf die Suche gemacht, sondern erledigt, was von mir verlangt wurde«, war eine der eindrücklichsten Schilderungen einer meiner Kolleginnen bei manomama. »Weißt du, Sina, und dann bekommst du einfach jahrelang gesagt, was du zu tun hast, und irgendwann glaubst du, du kannst sowieso nichts!«

Heute ist Monika die gute Seele in Halle 5 und managt knapp einhundert Kolleginnen und Kollegen. Weil sie es kann. Und weil sie großen Spaß dabei hat. Allen voran aber, weil wir gemeinsam auf die Suche gegangen sind, um herauszufinden, was ihre Fähigkeiten sind. Entgegen Dieter Bohlens Einstellung, der regelmäßig in den musikalischen Abendsendungen Menschen als »talentfreie Zone«

abkanzelt, vertrete ich die Meinung, dass jeder Mensch Fähigkeiten hat. Es braucht nur Zeit. Und Lust, sie zu suchen. Zu entdecken und entwickeln.

Das absolute Gegenteil durfte ich in den letzten Jahren mehrfach in meiner Firma mit den Millennials erleben. Sie wurden zu sehr von ihren Eltern zum Ausprobieren, Testen, Selbsterfahren und Finden geschickt, dass sie am Ende vor lauter vermeintlich entdeckter Fähigkeiten nichts mehr auf die Reihe bekommen. Oder, schlimmer noch, sie klammern sich im festen Glauben an bestimmte Fähigkeiten, die überhaupt nicht gegeben sind. Ein junger Mann, Ende zwanzig, der herausragende, mehrfache Studien und Qualifikationen vorweisen konnte, bewarb sich bei mir in der Firma als »Praktikant«. Ich teilte ihm mit, dass er in seinem Alter und bei seiner Vita endlich mit dem »Sich-Ausprobieren in einem Praktikum« aufhören solle – und dies gerne bei uns. Zunächst erschrocken über mein Festanstellungsangebot, erbat er sich eine Auszeit zum Überlegen, die zwei Wochen später in einer Zusage endete. Ich gab ihm völlig freie Hand und sagte ihm, er solle sich den Bereich gestalten, der ihm Spaß machen würde. »Prozesse gestalten und implementieren kann ich, und Controlling«, sagte er. »Sehr gerne. Da kannst du bei uns bei null anfangen«, grinste ich und klopfte ihm auf die Schulter. Das Ende vom Lied: Ein halbes Jahr später kündigte er. Die vorhergehenden Wochen reduzierte er seine Arbeitszeit von zunächst fünf über vier auf drei Tage, davon zwei im Homeoffice. Seine letzten Worte mir gegenüber waren ungefähr: »Ich weiß, es klingt verrückt. Du hast all meinen Wünschen nachgegeben, ich kann hier walten und mich entfalten, wie ich möchte, und kündige gerade meinen Traumjob. Aber ich kann so nicht arbeiten!«

In Wahrheit hat er überhaupt nicht gearbeitet, nicht einmal den Versuch gestartet, einer Arbeit in meiner Firma nachzugehen. Viel zu sehr war er mit sich selbst beschäftigt: Er suchte verzweifelt nach Talenten, Fähigkeiten und Fertigkeiten, die er gerne gehabt hätte, und fand – nichts. Oder besser formuliert: Die Fähigkeiten, die er hatte, nämlich hervorragend mit Zahlen und Strukturen umzugehen, waren ihm nicht »hip« genug. Er sah sich »eher im kreativen Bereich«. Ich versuchte ihm ziemlich deutlich seine in meinen Augen unverschämte Art seinen eigenen Talenten gegenüber zu erklären und sagte: »Ich wollte auch immer Claudia Schiffer beerben. Aber mit einem Brauereigaularsch und einer Warze auf der Nase wird das halt nichts. Manche Träume heißen so, weil sie Träume bleiben!« Er sucht noch heute und hangelt sich von Praktikum zu Praktikum. Selbst gewählt.

Neben den Menschen, die glauben, keinerlei Fähigkeiten zu haben, und jenen, die sich verzweifelt andere wünschen, weil die eigenen Talente den gewünschten Vorstellungen nicht entsprechen, gibt es dritte: Leute wie mich. Lange habe ich mich nicht getraut, es zuzugeben, weil es mir irgendwie peinlich war. Seitdem ich aber weiß, wer ich bin – und dazu gehört nun einmal auch genau dieser Bereich –, kann ich mich hinstellen und selbstbewusst sagen: »Ja, ich bin ein viel begabter Mensch. Ich bin ein außerordentliches Multitalent.« Solche Multitalente trauen sich oft nicht, ihre vielfältig ausgeprägten Fähigkeiten großartig zur Schau zu stellen, weil sie fürchten, dass dieses Selbstbewusstsein als Arroganz abgestempelt würde. Und sie fürchten es zu Recht. Das ist meine Erfahrung.

Heute, wo ich mit mir im Reinen bin, interessiert es mich nicht, ob jemand neidisch auf meine Talente ist oder nicht. »Ich habe sie und ich bin niemand, der auch nur eines einschlafen lassen möchte«, entschied ich für mich. Alle künstlerischen Fähigkeiten konnte ich gut unterbringen in meinem Beruf, als Werbeagenturlerin und nun Bekleidungsherstellerin: Grafik, Design, Zeichnen, Malen, das handwerkliche Geschick. Ein ausgeprägtes logisches Denken und die Liebe zur Effizienz helfen mir im administrativen Alltag der Geschäftsführung. Die Musik, das Singen, Komponieren und Klavierspielen hingegen habe ich mir für mein Privatleben aufgehoben. Ebenso das Philosophieren und Schreiben, ob Lyrik oder Sachbuch. Das brauche ich als Ausgleich.

Für den persönlichen und beruflichen Erfolg reichen jedoch das Kennen und Anerkennen der eigenen Fähigkeiten nicht aus. Man muss auch um seine Schwächen und Stärken wissen. Leider ist es im Vergleich zu Fähigkeiten und Fertigkeiten deutlich schwieriger, diese herauszufinden. Während wir mit einem »Können« schon für die Zukunft planen können, weil wir in der Lage sind, unsere Fähigkeiten und Fertigkeiten und deren Entwicklung zumindest grob einzuschätzen, entpuppen sich unsere Stärken und Schwächen meist erst im Nachhinein. Nach dem ersten »Test«.

In meiner Agentur arbeitete einmal ein sehr intelligenter Biochemiker, der international höchste Anerkennung für seine Doktorarbeit, die in der Krebsforschung angesiedelt war, erhielt. Allein: Nach dem Studium schmiss er alles hin, und statt um die Welt zu reisen, auf Kongressen zu referieren und im Labor dem Krebs endgültig den Garaus zu machen, programmierte er Webseiten in einer kleinen Klitsche in Augsburg. Irgendwann fragte ich ihn, wie der Sinneswandel zustande kam. »Gar nicht«, sagte er. »Liebend gerne würde ich in der Krebsforschung weiterarbeiten. Aber ich kann nicht an Mäusen forschen. Ich habe große Angst vor ihnen. Es war der blanke Horror, während der Doktorarbeit mit den Tieren zu arbeiten. Nie wieder!«

In diesem Moment begriff ich, dass alle Fähigkeiten für den Arsch sind, wenn man nicht die dazu passenden Stärken hat – oder entwickelt. Ein redseliger und kontaktfreudiger Vertriebsmitarbeiter ist eine Wucht, derselbe als Bodyguard nicht auszuhalten. Ein Unternehmer muss risikofreudig sein, ein Qualitätsmanager sollte genau diese Stärke nicht mitbringen. Ein blitzschneller Estrichleger verrichtet sauberste Arbeit, einen schnellen Elektriker trifft im schlimmsten Fall der Stromschlag. Während Fähigkeiten also einfach zu entdecken und entwickeln sind, ist es mit Stärken und Schwächen merklich schwieriger, denn sie sind immer im Kontext zu sehen. Schnell kann aus einer Stärke Gegenteiliges werden. Mit dieser Erkenntnis ging ich mit mir selbst in Klausur.

Meine Fähigkeiten kannte ich, aber welche Stärken braucht eine Unternehmerin? Was zeichnet eine Unternehmerin aus? Hätte ich mir zur Gründungszeit von manomama nicht diese Gedanken gemacht, wäre manomama nicht, was es heute ist: ein mittelständisches Unternehmen, das allen widrigsten Umständen zum Trotz Erfolg hat. Weil ich rechtzeitig begann, meinen Fähigkeiten die noch notwendigen Stärken zur Seite zu stellen. Risikofreudig war ich immer schon, daran musste ich nicht arbeiten, sehr wohl aber am Pragmatismus.

Zu Agenturzeiten nannte man mich »Pixelficker«. Meine Detailverliebtheit und mein Perfektionsstreben kostete sehr viel Zeit und raubte intern meinem Team wie extern meinen Kunden so manche Nerven. Aber: Pragmatismus kann man lernen. Und ich habe es gelernt. Ebenso wie Besonnenheit.

Die wesentliche Stärke jedoch, die meinen persönlichen wie beruflichen Erfolg, der sich in den letzten Jahren, seitdem ich weiß, wer ich wirklich bin, um ein Vielfaches gesteigert hat, habe ich erst vor Kurzem erkannt. Beiläufig. Beim Surfen im Internet. Durch puren Zufall stieß ich auf einen Link, in dem ein Artikel angeteasert wurde mit der Überschrift: »Permanente Existenzangst – wie mein Leben als Unternehmerin wirklich aussieht«. Darunter ein farblich blasses Bild einer Frau, die auf der Treppe saß und den Kopf hängen ließ. Ihre Haare bedeckten ihr gesamtes Gesicht. Dramatik pur. Ich klickte darauf und musste einen Artikel lesen, der bei mir auf völliges Unverständnis stieß. Eine Unternehmerin berichtete vom täglichen Kampf mit der Bürokratie, das fehlende Ansehen ihres Engagements in der Gesellschaft, und, das war der Moment, in dem ich stockte, sie forderte eine Arbeitslosenversicherung für Unternehmer.

Okay, dachte ich mir, es ist richtig, dass Unternehmer kein gutes Ansehen in Deutschland haben. Richtig ist auch, dass man bürokratisch aufräumen könnte. Aber wieso jammert jemand über Dinge, die er vorher schon wusste, nachdem er sich dafür entschieden hat, und fordert nun die Annehmlichkeiten eines Arbeitnehmers für Arbeitgeber? Zwischen den Zeilen las ich Angst und einen Schrei nach Sicherheit heraus. Angst, die gesamte Situation mit ihrem Business nicht geregelt zu bekommen, und der Schrei nach Sicherheit, weil ihr, so vermutete ich, das Risiko schlichtweg über den Kopf wuchs. »Permanente Existenzangst« hieß es ja bereits in der Überschrift. In diesem Augenblick erkannte ich, warum ich eine erfolgreiche Unternehmerin bin. Ich kenne keine Angst.

Je länger ich nachdachte, konnte ich mich nicht erinnern, jemals das Gefühl der Angst verspürt zu haben. Weder vor Spinnen noch als mein Lebensprojekt manomama mal wieder kurz vor der Pleite stand. Statt Angst empfinde ich Respekt vor einer Sache, pflege Vorsicht vor dem Kommenden. Sicherheit würde ein Unternehmer niemals von außen erwarten und einfordern. Das Sicherheitskonzept ist sich ein Unternehmer selbst. Weil er auf sich vertrauen kann. Angstfrei zu sein, risikofreudig zu agieren und sich eigene Sicherheit zu verschaffen sind also die größten Stärken, die ein Unternehmer braucht, um zu unternehmen und frei handeln zu können.

Wenn du es schafft, ist es deine Stärke. Wenn es dich schafft, ist es deine Schwäche. Trotz dieser Stärken ist ein Unternehmer nicht gefeit davor, zu scheitern. Sind es aber seine Schwächen, wird er garantiert scheitern.

*Es gibt vieles,*
*was ich kann.*
*Nur eines nicht:*
*aufgeben!*

# 10

## SCHEITERN IST SCHEISSE, ABER NICHT TÖDLICH

Scheitern ist scheiße. Zumindest fühlt es sich für die Person, die mit einer Sache Schiffbruch erlitten hat, so an. Du bist Kapitän auf deinem Schiff, navigierst es sorgfältig über die Meere, setzt die Segel den Witterungsbedingungen entsprechend – und säufst trotzdem ab. Zumindest meint man im ersten Moment noch, richtig gehandelt zu haben. Und wenn das Wasser bereits durch alle Luken eintritt, sodass es keinen Effekt mehr hätte, das Bevorstehende zu verhindern, beginnt die schmerzhafte Zeit, die weit über das eigentliche Scheitern hinausgeht. Mit dem steigenden Pegel bis hin zu dem sprichwörtlichen Wasser bis zum Hals wächst das ungute Gefühl, Fehler gemacht zu haben. »Ich habe doch den Eisberg versucht zu umschiffen«, könnte ein Gedanke sein.

Der erfahrene Seemann aber weiß, dass nicht die sichtbare Spitze die eigentliche Gefahr für das Schiff ist. »Ich habe doch die Segel so hart eingeholt und bin, so gut es ging, hart am Wind entlang geschippert«, könnte ein weiterer Gedanke sein. Der erfahrene Seemann wiederum weiß, dass eine zu starke Schieflage und straff eingeholte Segel bei hartem Wind gefährlicher sind, als das Schiff für die Länge des Orkans in den Wind zu drehen, das Tuch zu raffen und Fahrt herauszunehmen, bis der Sturm vorüber ist.

Nur in den seltensten Fällen geschieht das Kentern ohne eigenes Verschulden. Scheitern also passiert aufgrund fehlender Erfahrung. Oder fehlender Fähigkeiten und Stärken. Oft auch aus mangelnder Sorgfalt, aus Schlamperei und schwindender Aufmerksamkeit. Gerade in ruhigen Fahrwassern weichen mit zunehmender Kaffeefahrt-Daddelei die Konzentration und der Eifer. Die eigentlichen Aufgaben eines Kapitäns oder ersten Offiziers werden schleifen gelassen, bis ein unvorhergesehener Wetterumschwung das faule, aber süße Leben an Deck jäh beendet und das Schiff in bedrohliche Seenot bringt. Es folgen Vorwürfe, zunächst selbstverständlich an alle Beteiligten und Anwesenden, da man noch ganz im Modus der Bequemlichkeit nicht vor der eigenen Tür kehren möchte. Irgendwann aber landet man genau dort: bei sich selbst und der eigenen Rolle der Verantwortung. Viel zu spät kommt die Aburteilung am Kapitän, und sie schmerzt am meisten. In dieser Zeit nimmt das Wasser seinen Weg. Solange die Arme noch nicht gänzlich unter Wasser sind, verfällt man entweder in blinden Aktionismus oder schlägt wild um sich.

Nur Kapitäne, die Erfahrung mit dem Scheitern haben, halten besonnen die Hände still, versuchen möglichst ruhig zu atmen, bringen die Mannschaft von Bord und sehen dem Kentern gelassen entgegen, während sie konstruktiv Selbstkritik üben. Auch wenn Scheitern beim zweiten Mal nicht mehr so schmerzt, es gibt nichts schönzureden, wenn man gescheitert ist. Dafür gibt es viel zu reden. Sich das Maul zerreißen über denjenigen, der Schiffbruch erlitten hat. Diesen Part übernehmen all jene, die nicht an Bord waren und missgünstig das Schiff samt Kapitän aus den Augenwinkeln begleiteten. Dass die Häme der anderen, die eine zweite Dusche für den Betroffenen ist nach dem Wasser des Kenterns, die unangenehmere ist, traue ich mich zu behaupten. Nein – ich weiß es, weil ich es am eigenen Leib erfahren durfte.

Es gibt diesen geflügelten Satz, dass jeder gute Unternehmer mindestens einmal in seinem wirtschaftlichen Leben gescheitert ist. Bis heute ging dieser Kelch an mir vorüber, und ich halte mich deshalb nicht für eine schlechte Unternehmerin. Ehrlich gesagt, bin ich auch nicht scharf darauf, mit Pauken und Trompeten meine Firma an die Wand zu fahren. Vielleicht, weil ich bereits die Erfahrung machen durfte, wie es sich anfühlt, wenn dein Schiff um Haaresbreite an einem Eisberg hängen geblieben wäre.

Das geschah, als ein Kooperationspartner entschied, einen Großteil der Produkte, die wir für ihn fertigten, ins Ausland zu verlagern, ohne uns rechtzeitig zu informieren. Ich verließ mich auf die Zusagen einer konstanten, gleichbleibenden Auslastung. Das Vertrauen wurde monatelang bestätigt, sodass ich diesen Bereich als leicht passierbares Fahrwasser einstufte und bequem wurde. Bis der Taifun mit einer rasenden Geschwindigkeit über das Deck zog. Fünfzig Prozent Umsatzeinbuße innerhalb kürzester Zeit wegzustecken klingt unmöglich. Es war für manomama auch unmöglich, da wir ohne Margen wertschöpfen und keinerlei Rücklagen hatten, die diese Lücke hätte kompensieren können. Das Wasser trat plötzlich und mit aller Wucht in unseren Maschinenraum und das Scheitern, das Zerschellen eines wunderbaren Schiffs schien unumgänglich. In klassischen Unternehmen wären an dieser Stelle die Anwälte von der schnellen Entsorgungstruppe gekommen, hätten betriebsbedingt die Hälfte der Belegschaft entlassen und einen Sanierungsplan aufgestellt. Ich war jedoch nicht bereit, auch nur einen einzigen Menschen, der mir sein Vertrauen als Arbeitskraft geschenkt hat, herzugeben.

Es gab nur eine Chance, das Schiff wieder auf Kurs zu bringen. Und große Chancen bekommt man nicht für kleines Risiko. Ich setzte alles auf eine Karte: auf mein Talent, Menschen zu motivieren und pragmatisch zu entscheiden. »Ladies und Gentlemen, entweder gehen wir alle gemeinsam unter, oder wir krempeln die Ärmel hoch, zwicken den Arsch zusammen und reißen das Ruder herum«, sagte ich meinen Kollegen und Kolleginnen. Wir entschieden uns zu kämpfen. Das Team bei manomama blühte regelrecht auf, und gemeinsam legten wir ein Höchstmaß an flexibler Arbeitszeit hin. Darüber hinaus erklärten sich sogar Mitarbeiter, die sich sonst kategorisch weigerten, einen anderen Handgriff als den eingeübten auszuführen, bereit, etwas Neues auszuprobieren.

Zeitgleich konnte ich mich mit dem betreffenden Auftraggeber über eine Reduktion der Produktionsmenge, auf mehrere Monate verteilt, einigen. Die gewonnene Zeit nutzte ich, neue Kooperationspartner ins Boot zu holen und die Kapazitäten wieder zur Auslastung zu bringen. Bis heute kämpfen wir, wieder an die Produktionsvolumina zu gelangen, die einst gefertigt wurden.

Aber: Niemand musste von Bord, das Schiff ging nicht unter, und dieser enorme Sturm hat die gesamte Crew noch enger zusammengeschweißt. Mir hingegen war es eine große Lehre. Meine sich eingeschlichene unternehmerische Trägheit im Zusammenspiel mit meinem blinden Vertrauen in Menschen war es, die das Schiff manomama in unliebsame Fahrwasser gebracht hatte.

Jeder BWL-Student weiß, dass ein Kundenportfolio gut gemischt sein muss und nicht zu neunzig Prozent von einem Auftraggeber gestaltet werden sollte. Aber weil das so gut lief und das Vertrauen so sehr gegeben war, wurde ich blind. Und nachsichtig. Ich warf selbst sinnvolle Regeln der Ökonomie über Bord. Es war meine Schuld, dass wir kurz vorm Kentern standen. Dieses Mal konnte ich den Rettungsring noch zeitig werfen, ein nächstes Mal ... Ein nächstes Mal wird es nicht geben. Zumindest nicht aus diesen Gründen. Es geht beim (Beinahe-)Scheitern auch nicht darum, am Ende einen Schuldigen zu finden. Wichtig ist, welche Erkenntnisse und Erfahrungen wir daraus mitnehmen. Um beim nächsten Sturm besser reagieren zu können.

Während beruflich der Kelch des Scheiterns gerade noch an mir vorüberging, kann ich mit Fug und Recht behaupten, dass ich privat komplett gescheitert bin. Damit meine ich nicht die tagtäglichen kleinen Rückschläge. Diese zähle ich nicht. Auch nicht mein abgebrochenes Studium. Meine beiden Studiengänge, Politik und Betriebswirtschaftslehre, habe ich nicht abgeschlossen, ich habe sie erfolgreich abgebrochen – und ich hatte eine gute Alternative, meine Selbstständigkeit als Werberin. Dieses Scheitern war also nicht sehr schmerzlich für mich. Richtig schmerzhaft war nur ein Kentern: Ich bin in den Hafen der Ehe eingelaufen, mit dem Ziel, einen dauerhaften Liegeplatz zu erhalten. Nach siebzehn Jahren jedoch soffen wir ab, mein Ex-Mann und ich. Dabei galten wir im gesamten Freundeskreis als »absolutes Idealpaar«, »perfektes Team«, »wunderbare Eltern«, »erfolgreiches Unternehmer-Duo« und, und, und ...

Wir hatten über die Jahre aus einer kleinen Nussschale einen Viermaster erbaut und sind durch Wind und Wetter gesegelt. Je größer aber das Boot wurde, umso weiter entfernten wir uns. Der eine sah zu, ob nach vorne freie Fahrt herrschte, der andere hielt im Blick, dass nichts und niemand übers Heck ging. Tagein, tagaus. Es war ein perfekt aufeinander abgestimmter Fährbetrieb, blindes Vertrauen ohne Blickkontakt, ohne Worte. Verließen wir beide unser jeweils eigenes Deck, um auf der Brücke etwas gemeinsam zu unternehmen, wurde es schwierig. Weil wir erkennen mussten, dass sich Menschen verändern. Mit achtzehn Jahren hatte ich Idole, mit achtundzwanzig Jahren Ideale. Dieselbe, völlig normale Veränderung durchlebte auch mein damaliger Mann. Menschen entwickeln sich weiter, das ist die Aufgabe innerhalb des eigenen Lebens. Nicht immer aber geht man denselben Weg. Im selben Tempo. Oder zumindest in einer Geschwindigkeit, in der man sich gemeinsam nicht aus den Augen verliert. Bemerkt man dann, dass der Weggefährte fehlt, sitzt man der falschen Vermutung auf, es sei zu spät. Es ist aber niemals zu spät. Man ist nur zu bequem.

Während meiner gürtelrosigen Zwangspause habe ich mir viele Gedanken gemacht und musste mir eingestehen, dass ich völlig falsch reagiert habe. Als ich erkannte, dass mein Wegbegleiter durchs Leben nicht mehr an meiner Seite war, habe ich nicht kapitänsgleich besonnen reagiert. Ich kann mich genau an die Worte erinnern, die ich einst an meinen Ex-Mann richtete: »Du, so geht das nicht mehr weiter!« Das aber ist alles andere als ein rettender Anker, es war ein Vorwurf. Inhaltsleeres Geblubber anstelle eines konstruktiven, ernsthaften Plans, den Kurs zu ändern. Mit der belanglosen Haltung war ich aber nicht alleine. Fürs gemeinsame Herumreißen des Ruders fehlte uns die Zeit – was gelogen war. Ich war zu bequem. Dasselbe Gefühl empfand ich auch in der Reaktion meines damaligen Partners: Wir hatten uns zu lange arrangiert auf dem jeweilig eigenen Deck. Dem Plateau der Gemütlichkeit. Wieso sollten beide nun zurück auf die Brücke und unsere Energie, die wir für anderes benötigen, in uns selbst investieren? Wir schipperten weiter vor uns hin und waren zuverlässige

Kapitäne für unseren Sohn und unsere Mitarbeiter. Wir selbst aber haben uns dabei zu sehr verlassen.

»Wenn du dein Leben ändern willst, musst du dein Ändern leben«, sagt man. Aber ich konnte es nicht ändern. Dachte ich. All die Verpflichtungen, die Verantwortung, die ich übernommen hatte, wie sollte ich das alles einfach runterschrauben und neue Prioritäten setzen? Ich hatte keine Zeit, mich auch noch um meinen Mann zu kümmern. Meine gesamte Aufmerksamkeit war verplant: für meinen Sohn, meine Ladies und Gents, den täglichen Kampf um mehr Gerechtigkeit. Ich hatte nicht einmal Zeit, mich um mich selbst zu kümmern, wie also um meinen Partner? So kümmerte sich irgendwann eine andere um ihn. Und ich begann, mich um mich selbst zu kümmern.

Zwei Erkenntnisse waren mir nach diesem Kentern glasklar: Das Leben ist die Premiere und keine Generalprobe. Es gibt keinen Test mit anschließender Erstaufführung. Wenn also etwas geschieht, was bereits eine Schieflage andeutet, müssen wir sofort darauf reagieren und nicht abwarten. Dies nämlich hätte zur Folge, dass wir sehenden Auges ins Trudeln geraten und scheitern. Die zweite Erkenntnis war, dass es nicht schlimm ist zu kentern. Man wird nass und schluckt viel Wasser. Aber – man ist nur gekentert. Das Schiff steht kopf. Dann setz dich eine Weile auf den Rumpf und atme. Sortiere dich neu und schöpfe neuen Mut. Solange man an sich und seine Ideale glaubt, kann man zwar scheitern, aber man geht nicht unter. Das geschieht erst, wenn man aufgibt.

*Das Feld, auf dem du säst,*
*wird nicht das deiner Ernte sein.*

# 11

## ERWARTEN KOMMT VON WARTEN

Ich kann von Ihnen doch erwarten, dass Sie mir als verantwortliche Oberärztin sagen können, wann ich aus diesem Laden hier herauskomme?« Meine Erwartungshaltung war sehr groß, kurz darauf wurde sie bereits völlig zunichtegemacht. »Kann ich nicht!«, sagte die Ärztin. »Können oder wollen Sie nicht?«, bohrte ich nach. Allein aus dem Grund, weil ich die Enttäuschung meiner Erwartungshaltung nicht hinnehmen konnte. »Ich will mich nicht festlegen und gegebenenfalls revidieren!«, antwortete sie. Erneut gab ich keine Ruhe. »Aber ich will, dass Sie wollen. Ich will hier nämlich raus!«

Dieses alles andere als zielführende Gespräch wäre in einer Endlosschleife geendet, hätte die Ärztin nicht die Tür zugemacht. Hinter sich. Ich hingegen lag da und war sauer. Eben so, wie ein Mensch verstimmt ist, wenn seine Erwartung sich nicht erfüllte. Nicht einmal annähernd. Denn neben der Verweigerung einer genauen Information bezüglich meines Entlassungstermins verpuffte auch die Erwartungshaltung, die ich gegenüber einem Arzt hatte: den Patienten verstehen, partnerschaftlich an seiner Seite sein und die Genesung aktiv begleiten. Ein »Ich will nicht!« war für mich eine rotzige Ablehnung. Und ich nahm dies sehr persönlich. Wie auch sonst sollte man mit Erwartungen umgehen? Schließlich sind sie eine ganz persönliche Sache: Hoffnung schöpfen, eine Vermutung anstellen, Verdacht schüren, Zweifel hegen – all dies sind Erwartungen, die wir in uns bilden. Bei jedem einzelnen Menschen, dem wir begegnen. In jeder aktiven Handlung, die wir tun. Wird die Erwartungshaltung nicht realisiert, sind wir enttäuscht: Wir nehmen Abstand von der eigenen Erwartung, die sich in Realität als Enttäuschung entpuppte.

Eine besondere Form der Erwartungshaltung ist die selbst erfüllende Prophezeiung, die ihrer Erwartung selbst gerecht wird, durch reines Glauben. Zahlreiche Menschen lesen Horoskope und glauben daran. »Heute wird ein turbulenter Tag, und ein Kollege wird Ihre Pläne durchkreuzen«, könnte das Wassermann-Horoskop für einen Dienstag lauten. Wer nun an sein Dienstagshoroskop glaubt, verhält sich danach. Bereits auf der Fahrt in die Arbeit hat der Wassermann den Eindruck, der Berufsverkehr sei hektischer als sonst. Im Büro angekommen und von der Sekretärin beinahe umgerumpelt, setzt er sich an den Schreibtisch, der unter zahlreichen Briefen und Papieren kaum mehr zu orten ist. Das ist zwar immer so, aber heute fällt es dem Wassermann besonders auf. Deshalb entschließt sich der Wassermann, am heutigen Arbeitstag einmal richtig Gas zu geben und den gesamten Tisch »abzuarbeiten«. Die Power dafür hat er, schließlich wäre dieser Dienstag laut Horoskop nur ein bisschen turbulenter. Er beschließt, auf seine Mittagspause zu verzichten, um seinen Plan erfolgreich durchzuführen. Wäre da nicht der Kollege gekommen, der ihn in der Pause auf ein Essen einlädt, welches schon Wochen ausstand. Das Horoskop hatte recht: »Heute wird ein turbulenter Tag, und ein Kollege wird Ihre Pläne durchkreuzen.« Die selbst erfüllende Prophezeiung wurde durch Glaubenschenken und unbewusstes Verhalten Realität.

Ein weiteres schönes Beispiel ist der sogenannte Placeboeffekt. Medikamente ohne Wirkstoff werden Kranken verabreicht. Nur verschweigt der Arzt den fehlenden Wirkstoff. Der Patient jedoch glaubt an die Wirkung der Tabletten und gesundet. Die eigentliche Kraft für die Genesung resultierte nicht aus dem Medikament, sondern allein aus dem Glauben des Kranken an die Wirkung der Tabletten.

Bei selbst erfüllenden Prophezeiungen schlagen wir unserem Geist selbst ein Schnippchen. Oder unsere Psyche wird von Fachleuten durch Verschweigen von Realitäten an der Nase herumgeführt. Indem wir daran glauben, passen wir unser Handeln unterbewusst an und lassen im besten Fall die positive Erwartungshaltung, im schlechteren Fall die negative Realität werden. Folglich ist der eigene Glaube Grundlage für eine Erwartungshaltung und unser Handeln. »Wenn du nur fest daran glaubst, dann wird es wahr!«, tröstet man Kinder oft motivierend. Der Kölner, scheinbar Urbegründer des positiven Denkens, glaubt im hohen Alter noch daran, dass »et hät no imme jotjejange«. Wir glauben an das »Gute im Menschen«, und viele Menschen glauben an einen Gott, der gut ist (welchen Namen er auch immer tragen möge). All dieser gute Glaube weckt positive Erwartungshaltungen in uns, und, dem Horoskop gleich, wir versuchen uns unterbewusst so zu verhalten, dass dieser Glaube irgendwann Gewissheit wird durch Realität. Doch nicht nur angenehme, sondern auch negative Erwartungshaltungen gibt es, an die wir glauben – und deshalb genau gegenteilig handeln. Atomstromgegner zum Beispiel glauben (meiner Meinung nach zu Recht!) an die unbeherrschbare Gefahr, die von Atomkraftwerken ausgeht. Diese negative Erwartungshaltung gegenüber atomar erzeugtem Strom trieb Hunderttausende Menschen auf die Straßen, um ihre Sorgen kundzutun und sich für einen

Atomausstieg auszusprechen. Bekanntlich wurde dieser realisiert.

Negative Erwartungshaltungen und das daraus resultierende Handeln können jedoch nicht nur die Prophezeiung verhindern, sie können sie auch wahr werden lassen. Klinische Studien beweisen, dass Menschen, die dauerhaft negative Emotionen pflegen, wie Angst, Trauer oder Wut, ebenso eine negative Erwartungshaltung gegenüber ihrem eigenen Gesundheitszustand haben. Weil sie sich schlecht fühlen und glauben, es ginge nicht mehr aufwärts. »Die Angst macht mich noch krank!« oder »Ich habe Wut im Bauch!« heißt es dann. Richtig, die Angst greift die Psyche an, und nicht das erste Magengeschwür oder der erste Herzinfarkt stünde auf der Rechnung der Wut.

Dieses Zusammenspiel zwischen Glauben, Erwartung, Enttäuschung und Erfüllung muss man verstehen, um die eigenen Probleme in den Griff zu bekommen und sein Leben zufriedener zu gestalten. Während es ein Leichtes ist, für sich zu entscheiden, ob man an einen Gott glaubt oder nicht, also eine Erwartungshaltung eingeht oder nicht, ist es, ganz irdisch gesehen, zwischen Menschen deutlich schwieriger. Wir können uns nicht aussuchen, ob wir mit der Wahrnehmung eines anderen Menschen Lust haben, eine Erwartungshaltung gegenüber diesem einzugehen oder nicht. Schon der US-amerikanische Soziologe Erving Goffman war sich sicher, dass automatisch, also ohne aktives Nachdenken, positive wie negative Erwartungen kreiert werden, die auf dem Verhalten, sozialen Status wie äußeren Erscheinungsbild basieren. Ein Mensch, der den ersten Eindruck ordentlich beim Gegenüber verkackt hat, hat es schwer, mit einem zweiten zu punkten, weil er bereits die Erwartungshaltung bedient hat.

Manchmal muss ein Mensch nicht einmal aktiv etwas

für das Bedienen einer Erwartungshaltung tun, allein sein sozialer Status beziehungsweise seine Rolle innerhalb der Gesellschaft eilt ihm voraus und die Vorhersage trifft zu. Durch Vorurteile und Klischees. Manager sind per se karrieregeile Schweine, Putzfrauen alle arme Verlierer der Gesellschaft, Politiker nur machtaffin und Banker ausschließlich geldgeil. Die Leute von der Presse lügen – alle –, und das Pack ist das Volk.

Beruhigenderweise teilt diese Vorurteile und damit verbundenen Erwartungshaltungen an die jeweiligen Rolleninhaber nur eine kleine Minderheit. Der Großteil der Menschen vertraut nach wie vor auf die eigens gebildete Erwartungshaltung beim ersten Wahrnehmen des Menschen. Soziale Kontakte bringen mit sich, dass es menschelt. Die Erwartungshaltung gegenüber einem imaginären Gott ist deutlich eine andere als gegenüber einem Freund, Kollegen oder Bekannten, dem wir leibhaftig gegenüberstehen. Es ist eine greifbare Beziehung, ein Rendezvous mit der Realität. Und die kann bekanntlich sehr unangenehm werden.

Einen großen Anteil an meinem Unglücklichsein hatte meine Erwartungshaltung gegenüber meinen Mitmenschen, weil sie regelmäßig enttäuscht wurde. Dabei ging es sehr oft um Kleinigkeiten. Tagtäglich half ich vielen Menschen, räumte Ballast vor ihrer Tür weg und erwartete zumindest ein »Dankeschön«. Nur selten durfte ich ein leises »Danke« vernehmen, meist blieb ich nach getaner Arbeit in Stille zurück. Ich fühlte mich ausgenutzt und nicht wertgeschätzt. Gleichzeitig tröstete ich mich eine lange Zeit darüber hinweg, indem ich mir mantragleich vorsagte: »Du machst das freiwillig, anderen zu helfen. Du hast Freude daran, anderen zu helfen. Du machst das gerne, anderen zu helfen …« In Wahrheit aber musste ich mir eingestehen, dass ich zutiefst getroffen war, dass meine

Erwartungshaltung, nämlich ein »Dank« in welcher Form auch immer, fast immer ausblieb. Jede einzelne Enttäuschung war eine Stecknadel, die letzten Endes mit stechenden Schmerzen im Kopf und im Krankenbett endete.

Nachdem die Ärztin mir keine Auskunft über die Entlassung gab, konnte ich mir in aller Ruhe, ohne Zeitdruck, ausmalen, wie ich künftig mit diesen Enttäuschungen umgehen möchte. Denn: Mein Engagement einzustellen wäre ein Ablassen von mir und dem, was ich bin. Übers Nachdenken begriff ich, dass man Dankbarkeit nur weitergeben kann, wenn man es gelernt hat. Viele meiner Schützlinge jedoch haben es nie gelernt oder über die Jahre ihres wirklich unerträglichen Lebens gänzlich verlernt. Ich erkannte, dass ich schlichtweg mit einer völlig falschen Erwartungshaltung Menschen begegnete: Eine Frau, die zwanzig Jahre sich bis zur letzten Kraft abmühte, wieder eine Arbeit zu bekommen, sagt beim Unterschreiben des Beschäftigungsvertrags nicht »Danke, Sina!«, sie sagt nichts. Diese Stille habe ich falsch interpretiert. Die Wortlosigkeit ist nämlich keine Undankbarkeit, sondern zunächst Unsicherheit.

Viele Monate später erklärte mir eine meiner Ladies genau dieses Verhalten. »Da unterschreibst du zum ersten Mal seit vielen Jahren wieder einen unbefristeten Arbeitsvertrag. Das kann man doch gar nicht glauben!« Und schon gar nichts darauf sagen. Anschließend sei in ihr das Gefühl des Triumphs aufgekommen. »Das habe ich mir verdient! Endlich ist der dunkle Tunnel zu Ende!«, schilderte sie ihre Gedanken. Ich hingegen wartete gedanklich immer noch auf ein »Danke«. »Und dann musst du verzeihen, wenn ich vergessen habe, mal Danke zu sagen. Du weißt doch, dass ich so gerne hier bin und dankbar dafür bin!« Ja, dachte ich nach dem Gespräch, jetzt weiß ich es. Und von nun an verstehe ich auch die Stille. Und habe meine Erwartungshaltung abgelegt. Gänzlich. Ich erwarte nichts mehr von Menschen. Von niemandem. Gegenüber sozialen Kontakten hege ich weder positive noch negative Erwartungshaltungen.

Das ist eine Entscheidung, die man für sich treffen kann und tagtäglich überprüfen muss, ob man dieser Entscheidung gerecht wird. Was zunächst nach Resignieren oder gezieltem Desinteresse klingt, war nichts anderes als die Entscheidung, meine eigene Eitelkeit abzulegen, und zugleich die beste Verordnung, die ich meinem Hirn und Herzen geben konnte: Erwarte nichts mehr. Nimm an, was und wie es kommt. Und es kommt. Eine Umarmung von dort, ein Päckchen Kaffee von woanders, eine Postkarte aus Übersee und ein Lächeln aus engster Nähe. Über die Monate lernte ich, dass ein »Ich bin stolz auf dich« meines Partners das »Danke« eines Menschen sein kann, der schlichtweg nicht in der Lage war, dieses Wort über die Lippen zu bringen. Ich erkannte, dass die Anerkennung von außen mein Engagement nach innen voller Freude wachsen ließ. Und ich begriff eine meiner wichtigsten Maximen: Glück ist kein Ziel, auf das man erwartungsvoll hinarbeitet. Glück ist das Echo auf Gutes, das man tut.

*Der Unterschied zwischen*
*positivem und optimistischem Denken*
*ist die Realität.*

# 12

## HÖR AUF, POSITIV ZU DENKEN!

Früher war wohl doch nicht alles besser. Die Menschen scheinen ebenso wenig glücklich gewesen zu sein, wie sie es heute sind. Selbst die »moderne« Volkskrankheit Depression war vor vielen Jahrzehnten schon ein alter Hut.

Dale Carnegie veröffentlichte 1948 seinen Dauerbestseller »Sorge dich nicht, lebe« und verriet in einem Kapitel, wie man »in vierzehn Tagen eine Depression heilt«. Die Antwort darauf würde sowohl dem Depressionsgeplagten wie auch dessen behandelnden Ärzten Kopfschütteln bereiten: Gelebte Nächstenliebe nämlich, so verrät das mittlerweile millionenfach über den Ladentisch gegangene Buch, sei die passende therapeutische Reaktion auf Depression. Auf jedes Problem, auf jede ungewollte Emotion, findet der Leser eine Lösung, nein, die Lösung: »Sorge dich nicht, lebe!«

Den eigenen Makel kleinzukriegen, indem man sich jemanden sucht, der dieselben Probleme nur in einer größeren Dimension hat, ist keine langfristige Art, sich zu motivieren und zufrieden zu werden. Die für die Suche aufgewendete Energie wäre viel besser in die eigene Person und das persönliche Leben investiert, um das Problem, welches uns plagt, zu lösen. Das Denken in Makeln ist und bleibt also negativ. Festigen wir unsere »Größe« in einem Betrieb, indem wir die Mitglieder des eigenen Teams klein halten, und werden befördert, ist die Freude am neuen Job nicht von Dauer. Es bleibt der negative Beigeschmack. Gesteht man dem wohl berühmtesten Satz von Adorno eine gewisse Sprichwörtlichkeit zu, würde dieser hier gut passen: »Es gibt kein richtiges Leben im falschen.« Übertragen formuliert: Es kann nichts Positives auf negativem Nährboden gedeihen.

Was vor knapp siebzig Jahren den Titel »Sorge dich nicht, lebe« hieß, fällt heute unter die Sparte »Positive Thinking« (Positives Denken). Gerade in Zeiten wie diesen, die wirtschaftlich und politisch mehr als turbulent sind und in denen zuversichtliche Gedanken immer schwerer fallen, tragen Menschen selbst ernannten Motivationsgurus Millionen Euro nach, besuchen Seminare, Workshops, kaufen Bücher und Apps. Dies alles nur, um, wie vom Coach versprochen, es auch endlich zu schaffen, denn: »Du kannst alles schaffen!«, »Wenn du grenzenlos denken kannst, kannst du alles machen!« Diese heilsversprechenden Gebote stoßen auf großes Interesse, und damit wird es gefährlich. Ich nämlich halte diese Motivationscoaches für geschäftstüchtige Manipulationstrainer eines millionenschweren Business. Nichts anderes.

Die Think-Positive-Bewegung, die einst durch Carnegie einen ersten prominenten Schwung bekam, wird heute auf die Spitze getrieben. In unzähligen Ratgebern und Seminaren vermittelt man sektengleich die »Macht der Gedanken«. Diese ist unbestritten gegeben. Nur: Die gesamte Think-Positive-Bewegung ist reine Augenwischerei. Und darüber hinaus primitives Küchenlatein für Hobbypsychologen: »Ich muss nur positiv denken, dann kann ich alles erreichen!« ist der gesamte Inhalt.

Ist es aber wirklich so, dass jeder alles schaffen kann?

Kann ich als Mehlstauballergiker Bäcker werden? Kann ich als Blinder Uhrmacher werden? Kann ich mit Mäusen herum»doktern«, obwohl ich eine fachlich austherapierte Murophobie besitze? Kann ich als extrem introvertierter und schüchterner Mensch eine große Samstagabend-Show-Rampensau werden? »Natürlich, kannst du das«, wird der Manipulator sagen. »Denke positiv und du kannst alles erreichen!« Dies aber ist schlichtweg gelogen. Die Sehnsucht nach Erfolg wird von der Think-Positive-Bewegung schamlos ausgenutzt und vermarktet. Der nach Anerkennung lechzende Mensch lässt sich ordentlich verkaufen und bezahlt dafür auch noch. Die Wahrheit ist: Man kann nicht alles erreichen, was man sich wünscht. »Sky is not the limit«, heißt ein Lied, und das ist richtig. »Reality is the limit«, wäre meine Antwort.

Als ich knapp achtzehn Jahre alt war, war es mein größter Traum, Opernsängerin zu werden. Deshalb besuchte ich sogar zwei Jahre lang das örtliche Konservatorium, um klassischen Gesangsunterricht zu nehmen. Sowohl meine Gesangslehrerin wie auch alle meine Freunde, der Chorleiter meines damaligen Gymnasiums und nicht zuletzt ich selbst bestätigten mir, dass ich eine sehr schöne Stimme habe und außerordentlich gut singen kann. Allein der Tonumfang war eine zu große Herausforderung für mich. Wie viel ich auch übte und trainierte, ich konnte die höchsten Töne nicht erreichen. Meine Stimmbänder hatten ihre Grenzen. Und nun stellte sich die Frage: Welches Theater würde eine Königin der Nacht engagieren, die herausragend einen halben Part singt, während sie den anderen verschweigt und dem Orchester den Vortritt gibt?

Viele Jahre bin ich selbst diesem Think-Positive-Konzept nachgeeifert, bis ich eben bemerkt habe, dass es die Unzufriedenheit und die Sehnsucht nach Anerkennung, die jeder Mensch in sich trägt, nur verstärkt. Grundsätzlich ist es überhaupt nicht verkehrt, positiv zu denken. Nur muss diese Grundhaltung der Gedanken ebenso die Realität berücksichtigen. Man kann sie nicht einfach ignorieren. Sie ist immer noch da! Der gerade neu aufkommende Trend in der feministischen Bewegung »Body Positivity« ist ein hervorragendes Exempel für ein falsches positives Denken. Kurz zusammengefasst besagt dieser Trend, dass jeder Körper schön ist und niemand eine Bikini-Figur braucht. Das ist so richtig wie falsch. Fakt ist, dass Schönheit im Herzen des Betrachteten liegt, also in seiner Ursprünglichkeit nichts mit Äußerlichem zu tun hat. In einer oberflächlichen Gesellschaft wie der unseren ist ein attraktives Äußeres mit Schönheit gleichgesetzt. Demnach unterschreibe ich die Aussage, dass jeder Körper ein Anrecht darauf hat, schön gefunden zu werden. Und sicherlich wird sich auch jemand finden, der den womöglich nicht makellosen Körper ansprechend wahrnimmt. Falsch aber ist, dass durch eine Bewegung wie diese schlichtweg ausgeblendet wird, was das eigentliche Problem von schwer fettleibigen Menschen ist: das Gewicht. Nicht die Schönheit. Das wirkliche Handicap wird, »Body Positivity« sei Dank, unter den Tisch gekehrt. Es ist aber nicht gesund, achtzig Kilogramm zu viel auf den Rippen zu haben. Auch kann man sich nicht wohlfühlen, wenn man aussieht wie ein Michelin-Männchen. Dicke lügen sich da in ihre eigene Tasche. Oder haben schlicht resigniert.

Ich traue mich dies so deutlich zu formulieren, weil ich exakt dasselbe getan habe: mir vorgegaukelt, meine siebzig Kilogramm Übergewicht wären schön, ich wäre genauso beweglich (was völliger Blödsinn ist), meine Gesundheit würde nicht darunter leiden (was noch größerer Quatsch ist!), und verhüllte mich resigniert Christo-gleich mit meterweise Bio-Stoff. Die deutlich ehrlichere und erfolgreichere Methode als »Think Positive« ist »think realistic and do positivity« (denke realistisch und mach was Positives daraus), nach dem Motto: »Die Sache hat einen Haken. Der Haken ist gegeben. Was geht und was geht nicht?« Sprich: Das Problem ist gegeben, was aber können wir daraus machen?

Diese Geisteshaltung habe ich von meinen Programmierern während meiner Agenturzeit gelernt. Wie oft durfte ich den Satz hören: »It's not a bug, it's a feature!« Seitdem ich so an Probleme rangehe, funktioniert es oft: Sehr wohl kann man vermeintliche Makel und Probleme in einen positiven Kontext einbetten. Als Beispiel fällt mir Maria, meine Kollegin, ein. Zu ihrem Bewerbungsgespräch als Näherin vor vielen Jahren sagte sie mir: »Ich habe nur ein Problem, ich habe ein Metallknie.« Im Fall dieser Tätigkeit ist das Metallknie kein Makel, es ist ein Vorteil. Ähnlich ist es bei Ute, eine gehörlose Kollegin. Ihr vermeintliches Handicap ist ein großer Vorteil: Mit niemand anderem kann ich mich über vierhundert Meter Entfernung durch zwei Hallen hindurch bei Nähereigeräuschkulisse entspannter unterhalten als mit ihr – via Lippen.

Nicht nur bei persönlichen Handicaps, auch im Alltag, bei der Arbeit, funktioniert das »Umdenken«: Fünftausend T-Shirts, die eigentlich tiefschwarz durchgefärbt werden sollten, kamen vom Färber zurück. Anstelle des bestellten satten Schwarztons lieferte dieser die gesamte Menge an Textilien in, nennen wir es, »Used Grey«. In einer Machart, die wir bis dato innerhalb unserer strengen ökologischen Regeln nie hinbekamen. Umgehend sprach ich mit dem Färber, der sich vielmals entschuldigte für den Fehler. »Nein, nicht entschuldigen. Wie habt ihr das geschafft?

Das ist großartig!«, sagte ich zu ihm. Er verriet mir, dass zwei Arbeitsschritte von einem Mitarbeiter verwechselt wurden und er selbstverständlich die Fehlfärbung nacharbeiten würde. »Auf keinen Fall! Bitte merken Sie sich, wie ihr das gemacht habt, die nächste Charge kommt bestimmt bald!« – ein klassischer Fall von »Funktion statt Fehler«.

Der Versuch, einen augenscheinlichen Fehler oder Makel umzuinterpretieren und ihn dabei in der Realität anzuerkennen, ist für mich das Erfolgsrezept – nicht, wie in der Think-Positive-Bewegung gang und gäbe, ihn zu ignorieren und zu verschweigen. Ebenso empfinde ich es geradezu als menschenfeindlich, das Leid der anderen dazu zu nutzen, um den eigenen Makel zu schmälern. Jürgen Höller, ein ganz Großer der Positive-People, propagierte immer wieder, dass jeder Misserfolg eines Menschen verdient sei. Das ist die Spitze des Zynismus und Menschenverachtung zugleich. Ihn holte übrigens das ein, was er so gerne ausblendend vorlebt: die Realität. Er scheiterte selbst und musste ins Gefängnis.

Das Konzept des rein positiven Denkens ist also alles andere als ein Rezept für die eigene Motivation und den eigenen durchschlagenden Erfolg. »Echte« Psychologen klagen sogar über diese eindimensionale Weise der Manipulation. Meine Gürtelrose wurde nicht nur medikamentös, sondern auch psychotherapeutisch begleitet. Ich hatte das wunderbare Vergnügen, mit einer sehr belesenen und erfahrenen Psychotherapeutin zu sprechen. Sie erklärte mir verschiedene Motivationstheorien. Keine einzige davon hieß »Denke positiv und du schaffst alles«. Vielmehr entsteht belastbare Motivation aus der richtigen Mischung aus eigenen Fähigkeiten und Fertigkeiten, begleitendem Feedback, Wertschätzung und Anerkennung und, wenn nötig, Hilfestellung. Auch durfte ich lernen, dass wir zum Beispiel in der Wirtschaft kein Motivationsproblem von Mitarbeitern haben, sondern ein Demotivationsproblem von Führungskräften. Schon klar, dachte ich. Wenn die alle in Think-Positive-Seminare rennen und ihren Untergebenen anschließend erzählen, dass sie noch fauler sind als sie selbst, während sie ihre eigenen Fehler schlichtweg negieren.

Beim Stichwort »Demotivation« blieb ich aber noch lange hängen. Obwohl ich ein grundoptimistischer Mensch bin, ertappte ich mich dabei, mich oftmals selbst durch Misstrauen zu demotivieren. So glaubte ich erst an positive Ereignisse, wenn sie wirklich eintraten, allein mir fehlte der Glaube, dass es gut werden könnte. Selbst das dauernd gemurmelte Mantra: »Alles wird gut. Wenn es noch nicht gut ist, ist es noch nicht fertig«, entfaltete nicht recht seine Wirkung. Der Weg bis zum Eintreten des Ereignisses war stets ein sehr langer und zäher, voller zweifelnder Fragen. Dies kostete Kraft und raubte mir Elan. Ich demotivierte mich selbst, weil ich mich erst freuen wollte, wenn es vollbracht war. »Es geht leichter durchs Leben, Frau Trinkwalder«, sagte die Psychotherapeutin. »Man muss weder nur positiv denken noch dauernd negativ. Denken und handeln Sie optimistisch! Und noch was: Freuen Sie sich nicht zu spät!«

Seitdem denke ich mal so, mal so. Mein Gedanken-Yin-Yang wächst auf optimistischem Nährboden. Es wächst die Freude von innen. Eine stabile Vorfreude auf das, was kommt und wird. Das Beste daran: Es funktioniert!

*Wenn du Realitäten schon ausblendest,*
*dann verarsch dich bewusst!*

# 13

## HEXADEZISCHÖNMALEREI

Ich mach mir die Welt, widdewidde wie sie mir gefällt!« – Pippi Langstrumpf ist wohl eine der berühmtesten Lebenskünstlerinnen. Im Gegensatz zu uns kann sie ihre Realität hürdenlos gestalten, wie sie möchte. Sie muss keine realen Gegebenheiten anerkennen. Sie kann alles Unliebsame ignorieren und ausblenden. Denn am Ende wissen wir alle: Es ist Fiktion. Es ist eine Geschichte. Die Geschichte eines wunderbaren Mädchens mit enormer Kraft, frecher Schnauze und entwaffnendem Humor.

Wir aber leben in der Realität. Wenn wir glücklich durchs Leben kommen wollen, können wir weder Naturgesetze ignorieren noch persönliche Restriktionen. Wir können durch positives Denken Unveränderliches, das uns in unserem Sein und Handeln tangiert, nicht wegbeten und missachten. Trotz aller logischer Erklärungen wollte ich nicht ablassen, zumindest ein bisschen Pippi Langstrumpf auch weiterhin in meinem Leben zu sein. Denn mal ehrlich: Wer will schon Annika sein? Eben.

Wenn es also keinen langfristigen Sinn und Erfolg bringt, Realitäten in der eigenen Lebensplanung nicht zu berücksichtigen, sondern optimistisch trotz und wegen aller echten Hürden zu handeln, muss doch zumindest kurzfristig das Nichtanerkennen von Realitäten möglich sein? Es ist möglich. Wenn mich andere schon sauber an der Nase herumführen können, dann kann ich mich selbst ebenso bewusst und bei klarem Verstand ordentlich verarschen. Gezielt hinters Licht führen. Meine linke Gehirnhälfte mithilfe der rechten austricksen. Denn links sitzt das Rationelle, rechts das Kreative. Bei mir könnte es andersherum sein, ich bin Linkshänderin. Ich habe der Selbstverarschungstechnik sogar einen Namen gegeben: Hexadezischönmalerei. Sie kommt immer dann zur Anwendung, wenn mir die Geduld fehlt. Und die fehlt mir oft.

Schon als kleines Kind war Warten eine echte Herausforderung für mich. Spätestens zu Nikolaus war der Adventskalender längst geleert (ich entwickelte dabei eine wirklich gute Technik, indem ich mit der Stricknadel meiner Mutter die neben dem bereits geöffneten Türchen liegenden Klappen leicht nach oben drückte und so automatisch die Schokolade durch die Öffnung des aktuellen Tags fiel!), und trotzdem kam das Christkind nicht früher. Der 24. Dezember war unverhandelbar, und die Zeit bis dahin verging wie zäher Kaugummi. Und ohne Schokolade.

Heute ist es weniger das Warten auf das Christkind, das mir nahezu den Faden der Geduld reißen lässt. Es sind Kleinigkeiten wie Liefertermine von neuen Stoffmustern, Prototypenfertigstellungen oder Ähnliches. Am meisten aber schafft mich Wartezeit, wenn es um Menschen geht, die mir sehr am Herzen liegen und die ich erst in einer deutlichen Zukunft wiedersehen kann. So begann ich, mich ganz aktiv zu verarschen. Obwohl ich mathematisch eher zu den Zwanzig-Watt-Birnen gehöre, also keine große Leuchte bin, startete ich das leidenschaftliche Jonglieren mit Zahlen. Schließlich klingt »fünfzehn« Tage deutlich besser als »einundzwanzig«. Dass die erste Aussage schlichtweg ein anderes Zahlensystem, das hexadezimale anstelle des dezimalen, benutzt, weiß ich, ignoriere es aber geflissentlich und freue mich diebisch über die deutlich geringere Wartezeit.

Das aktive Verarschen funktioniert auch hervorragend, um unliebsame Gewohnheiten mit einem Augenzwinkern und viel Humor loszuwerden. Während der Aufbauphase meiner Firma manomama schlich sich die dumme Angewohnheit der nächtlichen Selbstbelohnung bei mir ein. Nach einem Achtzehn-Stunden-Tag ging es für mich regelmäßig auf die Couch. Vorher besuchte ich meinen Kühlschrank, nahm das kleine Nachtgedeck heraus und futterte vor irgendwelchen Trash-Sendungen einen pappig-süßen, sahnig-cremigen Schokopudding in der Familienpackung nebst einem vollen (damit ich nicht noch einmal aufstehen müsste!) Glas Bordeaux. Zum Runterkommen. Ich war der Meinung, das hätte ich mir verdient. Mein Körper aber hatte es nicht verdient, nächtlich gemästet zu werden. Tausend zusätzliche Kalorien vorm Schlafengehen kann man zu sich nehmen, es kommt jedoch einer Körperverletzung gleich und ist definitiv keine Belohnung.

Als ich dies erkannte, versuchte ich zunächst, das Nachtmahl zu streichen. Es dauerte keine drei Tage, und ich plünderte nachts wieder den Kühlschrank. Mehrere Versuche scheiterten. Es fehlte mir schlichtweg an der Geduld und Disziplin für die gewünschte Veränderung. So beschloss ich, mich hier ebenfalls aktiv an der eigenen Nase herumzuführen. Morgens, bevor ich ins Büro ging, rührte ich einen Esslöffel Kakaopulver in Quark und abends holte ich den Schokoladenpuddingersatz fürs Sofachillen heraus. Die ersten Tage musste ich richtig lachen und mir mehrmals vorsagen: »Sina, das ist jetzt lecker

Pudding, yeah!« Und nach einiger Zeit löffelte ich die gesunde Alternative bereits ohne gutes Zureden und Schmunzeln. Ein paar Wochen später ließ ich sogar die ersten halben Schüsseln stehen, denn mit einem kompakten Pfund ungesüßtem Quark im Magen schläft es sich deutlich schlechter. Und heute: Heute lache ich darüber und gehe schlafen, wenn ich müde bin. Ohne Snacks auf die Nacht.

Aktive Schönmalerei kann also enorm helfen, um auf humorvolle Art Geduld zu fördern, wenn man bereit ist, sein eigenes Hirn von sich selbst für einen Moment hinters Licht zu führen. Selbst bei Zwanzig-Watt-Birnen.

*Die beste Erste-Hilfe-Maßnahme*
*ist das Eigenlob.*

# 14

## EIGENLOB STIMMT!

Wir reden viel lieber und ausdauernder über als mit anderen. Der renommierte Psychologe Robin Dunbar fand in Studien heraus (und veröffentlichte seine Ergebnisse in einem Buch mit dem passenden Titel »Klatsch und Tratsch«), dass Menschen beinahe die Hälfte der Zeit, in der sie miteinander kommunizieren, über andere reden. Obwohl es auch hierfür zahlreiche wissenschaftliche Erhebungen gibt, benötigen wir keine Untersuchung, um herauszufinden, dass in dieser Zeit, in der wir mit anderen über Dritte sprechen, wenig Positives fällt. Dazu lästern wir zu gerne. Allein das eigene »Schandmaul« zuzugeben fällt uns schwer. Dabei hat das Lästern eine durchaus wichtige soziale Funktion.

In Gesprächen über Nichtanwesende lernen wir, welches Verhalten im eigenen persönlichen Umfeld nicht akzeptiert wird. Ob schnelle Partnerwechsel, Alkoholmissbrauch, Treuebruch, Figurbeschaffenheit – Gründe fürs Lästern gibt es so viele, wie wir Wert- und Moralvorstellungen in dem Umfeld haben, in dem wir uns bewegen. Durch die Konversation beeinflussen wir zeitgleich unser eigenes Handeln: Möchten wir nicht selbst Grund für einen Tratsch bei Dritten sein, wissen wir, welche Verhaltensweisen wir vermeiden müssen. Insofern kann Lästern durchaus als persönliches präventives Frühwarnsystem für den eigenen Ruf gesehen werden. Zugleich verrät uns das Lästern Tipps und Tricks, den eigenen Status innerhalb unseres Umfelds zu erhöhen. Oft nämlich beinhalten die Klatsch- und Tratschgespräche neben reinen verhaltensbedingten Lästereien auch eine große Portion Missgunst. »Jetzt hat sich die Jenny diesen schönen teuren Thermomix gekauft. Ich wünsch mir den schon so lange, und die kocht ja nicht einmal! Der steht bestimmt nur in der Küche rum«, könnte Uta zu Hanna sagen. Die drei Freundinnen sind seit Kindesbeinen an eine Clique, und Jenny ist die bewunderte Gewinnerin unter ihnen. So beobachten Hanna und Uta Jennys Tun und Sein stets mit Argusaugen. Kurze Zeit später besucht Uta Hanna und erblickt ganz nebenbei beim Eintreten in deren Küche ebenfalls die begehrte Küchenmaschine. »Oh, hast du jetzt auch einen?«, wird Uta fragen. »Mensch, habe ich ganz vergessen zu erzählen«, könnte Hanna darauf antworten. In jeder missgünstigen Aussage steckt also zugleich eine Handlungsempfehlung: Willst du ebenfalls bewundert oder beneidet werden, mache oder habe, was der Beneidete tut oder besitzt. Neutral formuliert kann aus dem Lästern ein Fahrplan für mehr Anerkennung ermittelt werden.

Trotz aller Vorzüge des Lästerns darf es nicht schöngeredet werden. Schnell nämlich wird aus einer salopp dahingesagten flapsigen Lästerei eine ausgewachsene üble Nachrede, vor allem dann (und in einer rasanten Geschwindigkeit), wenn soziale Netzwerke mit ihrer starken Reichweite und Unkontrollierbarkeit ins Spiel kommen. Ich selbst habe schon sehr oft eine solche leidige Erfahrung machen müssen. Schließlich ist mein Engagement, so angesehen es bei vielen ist, gleichsam ein Dorn im Auge derer, die nicht meine »Ideen von einer besseren Welt«

teilen und meine Arbeit wertschätzen. Da schreiben Menschen, die ich noch nie in meinem Leben gesehen und gehört habe, geschweige denn kenne, auf Facebook, dass »die Sau nur kostenlos Probe arbeiten lässt und dann alle rausschmeißt!«.

Für jemanden, der tagtäglich versucht, Menschen eine Chance auf einen unbefristeten Arbeitsplatz zu geben, ist das ein Stich ins Herz. Anfänglich habe ich sogar sehr viel Zeit investiert, solchen Fake News nachzugehen. Manchmal stellte sich heraus, dass es einfach eine Person war, die bei mir in den zahlreichen Bewerbungen einfach nicht berücksichtigt werden konnte, oder eine, die sich innerhalb der Probezeit grobe Schnitzer geleistet hat und das Arbeitsverhältnis nach der Probezeit deshalb nicht weitergeführt werden konnte. Der Gipfel der »Lästerei« war, als ich zu lesen bekam, dass ich »meine Mitarbeiter schlagen« würde und es bei mir in der Näherei schlimmer zuginge als »in Bangladesh«. Das war dann selbst für mich ein Grund, die Polizei einzuschalten. Diese hat den Urheber der üblen Nachrede ermittelt, eine Unterlassungserklärung war das Ende. Nicht aber das Ende der Diffamierungen: Der Verfasser der Lügen suchte sich »Freunde«, die für ihn die Nachrichten ins Netz stellten. Bis heute. Ich aber habe aufgehört, jeden einzelnen Post zu dokumentieren, ihn zur Staatsanwaltschaft zu tragen mit der Bitte um Ermittlung und Anzeige gegen das Lästermaul. Es kostet Kraft und Nerven, Energie und gute Laune. »Was interessiert die Eiche, wenn die Sau sich an ihr reibt«, ist heute meine Antwort auf Lügen und Lästereien. Mein Gewinn: weniger emotionaler Stress. Und meine Erfahrung: Gib nichts auf Meinungen Dritter. Besonders dann, wenn sie Fremde sind und darüber hinaus noch die Anonymität des Internets nutzen. Denn die Hürde zum Lästern ist für Fremde ungleich niedriger. Feig wie ein einziger Piranha kippen jene ihre Mutmaßungen und ihren Müll in die Kanäle, sodass ein Wehren nahezu unmöglich ist. Wiederum Fremde erhalten aus diesen Puzzleteilchen ein Bild von dem Menschen, dem der Klatsch und Tratsch gilt, das möglicherweise in Ansätzen stimmt. Oft aber nicht. Die Mühe, sich ein eigenes Bild zu machen, macht man sich nur in den seltensten Fällen.

Selbst wenn wir mit Freunden und Bekannten kommunizieren, wird es schwierig. Weniger, weil das Dauerlästern auf der Tagesordnung steht. Vielmehr fehlt uns für Kommunikation die Konzentration. Der Psychologe Robin Dunbar hat ebenso festgestellt, dass wir uns auf nicht mehr als drei Personen gleichzeitig konzentrieren können. Wir bekommen nur noch die Hälfte mit, und den Rest versuchen wir uns anschließend je nach Lust und Laune zusammenzureimen. Auch so entstehen Bilder von und über Menschen, die den Besprochenen nicht gerecht werden. Selbst im engsten Freundeskreis. Übrigens: Ab einer Kleingruppe von sieben Menschen wird sogar jede Kommunikation regelmäßig ineffizient. Man nimmt aus den Gesprächen an einem großen Tisch kaum mehr Inhalte mit. Diese Forschungsergebnisse und eigene Erfahrungen habe ich im Laufe der letzten Jahre schlichtweg umgedreht. Im Umkehrschluss heißt das nämlich: Rede mit dir selbst, das ist die effektivste und ehrlichste Kommunikation. Ich rede mit mir. Vor allem aber lobe ich mich. Nun könnte man meinen, dass ich mich nach getaner Arbeit vor den Spiegel stelle und mir ins Ebenbild sage, wie toll ich sei. Mitnichten. Das Loben ist ein permanenter Motivationsprozess während der Arbeit.

»Jetzt hör doch endlich auf zu sagen, dass das schön wird, wenn es fertig wird«, ermahnte mich Jürgen. Er half mir im letzten Sommer, die hässlich braune Holzverkleidung auf meinem Balkon weiß zu lackieren. Was wir beide nicht wussten, weil uns hierfür die Handwerkererfahrung fehlte, war die Tatsache, dass die Werbeaussage auf der Lackdose: »deckt beim ersten Anstrich«, ziemlich weit von der Realität entfernt lag. Bereits drei Mal pinselten wir fleißig über die Paneele, und ein Ende war längst noch nicht abzusehen. Während sich Jürgen zunehmend über den Werbelügenlackhersteller, den haarigen Pinsel, das warme Wetter und überhaupt aufregte, begann ich, immer öfter mich zu freuen und uns zu loben. »Noch zwei, drei Anstriche und dann werden wir so stolz auf uns sein, weil wir das richtig großartig gemacht haben!«

Irgendwann waren wir fertig. Und fertig. Keiner von uns beiden stand anschließend nach dem Tagwerk vor der Verkleidung und schwang anerkennende Worte. Vielmehr schwangen wir uns knochenfertig in die Betten. Einige Wochen vergingen, wir saßen wieder auf der Terrasse, und Jürgen schweifte mit seinem Blick die strahlend weißen Paneele. Er sagte: »Ich habe das übrigens ausprobiert, das funktioniert!« »Was?«, fragte ich ihn verwundert. »Das Anstreichen?« »Nein«, antwortete er. »Deine komische Art, dich zu motivieren. Dein dauerndes Lobhudelei-Geseire, das mir auf die Nerven gegangen ist!« Nun blickte ich ihn noch irritierter an. »Na, du hast dich die ganze Zeit gelobt und angefeuert, dass das toll wird! Dass wir super sind und dass sich die ganze Arbeit lohnen wird!« Ich musste lachen. Weil es mir überhaupt nicht aufgefallen war, aber er hatte recht. Dies ist meine Art der Selbstmotivation.

In unserer Gesellschaft, und das dürfte ein einhelliger

Konsens sein, wird viel zu wenig gelobt. Und wenn es andere nicht machen, mache ich es wenigstens selbst. Deshalb lobe ich mich. Ich rühme mich in der Gegenwart für die Ergebnisse der Zukunft. Mit dieser Methode trage ich mich selbst anfeuernd in jedes Ziel. Früher habe ich oftmals versucht, selbst für kleinste Teilergebnisse durch Zurschaustellung Anerkennung zu bekommen, um daraus erneut Energie fürs Weitermachen zu schöpfen. Die Zeit, die jedoch für das Erhaschen von Wertschätzung benötigt wurde, fehlte bei der Arbeit.

Heute führe ich optimistische Selbstgespräche, besinne mich immer wieder auf meine Stärken und lobe mich über den grünen Klee für jeden Schritt, den ich in die gewünschte Richtung gemacht habe. Einen netten Nebeneffekt, den diese Art der Motivation mit sich bringt, werden Psychologen bestätigen: Es bildet und bestärkt das Vertrauen in sich selbst. Ein grundoptimistisches Gespräch mit dem eigenen Ich ist der beste Weg, sich Selbstvertrauen zu erarbeiten. Jedes gute Wort über die eigene Stärke, jede Anerkennung über einen erzielten Teilschritt und jedes Lob auf das selbst geleistete zu erwartende Ziel stärkt den Glauben an sich selbst. Und dieser versetzt bekanntlich Berge. Oder lässt heruntergekommene Paneele wieder erstrahlen. Eigenlob stimmt.

*Nur wer Boden unter den Füßen spürt,*
*kann Augenhöhe erreichen.*

# 15

# HALTUNG SCHAFFT BODENHAFTUNG

Jennifer Lopez liebt die Farbe Weiß so sehr, dass Möbel und Wände, selbst Blumen, stets in ihrer Lieblingsfarbe gehalten sein müssen, wenn »La Lopez« on tour ist. Madonna hingegen erwartet laut Rainbow Press auf jeder Toilette einen neuen, ungebrauchten Thronsessel für die Diva. Justin Timberlake sagt man nach, er bräuchte in jedem seiner Hotelzimmer einen Spiegel überm Bett, und die Jungs von Guns 'n' Roses könnten nur dann außerhäusig einschlafen, wenn genügend Whisky und Pornos in den Suiten zu finden wären.

Viele Megastars pflegen mehr oder weniger skurrile Starallüren, über die wir mit einem Schmunzeln oder Kopfschütteln in der Klatschpresse lesen. Irgendwie erwarten wir sogar ausgefallene Wünsche und Ticks bei A-Prominenten. Schließlich sind sie Weltstars, überzeugen mit ihrem Können oder dem ihres Marketing-Stabs täglich und dürfen sich demnach auch Absonderlichkeiten herausnehmen, um herauszustechen. Sich noch mehr von der breiten Masse abzuheben.

Den Wunsch nach Wahrnehmung hat nicht nur ein Weltstar, dessen Ruhm sogar darauf gebaut ist, jeder Mensch hegt das Bedürfnis, in seiner Art und als individuelle Person wahrgenommen und wertgeschätzt zu werden. Nur: 99,999999999 Prozent von uns sind eben keine Weltstars, und es wäre mehr als sonderbar, ab morgen das gesamte Büro im Lieblingsfarbton dekorieren zu lassen, um Aufmerksamkeit zu bekommen. Eine Abmahnung wäre eher die Regel, zumindest aber der gestreckte Zeigefinger auf die Stirn der Kollegen.

Jeder von uns also hat das Bedürfnis, sich von der Masse abzuheben, denn in jedem von uns ist der Drang, auf sich aufmerksam zu machen und gleichsam Aufmerksamkeit von anderen einzuheimsen. Wir wollen wahrgenommen und wertgeschätzt werden. Wir alle orientieren uns deshalb nach »oben« und arbeiten mehr oder weniger angestrengt auf dieses Ziel hin. Am einfachsten ist es, sich über Äußerlichkeiten vom Rest abzusondern. Es ist der bequemste Weg, aber gleichzeitig kein sehr wirkungsvoller.

Nehmen wir Fashion-Blogger. Niemand wird stärker gehypt als die unzähligen Mode-Influencer, die auf Instagram, Twitter und Youtube ihr ach so wundervolles Fashionleben zur Schau stellen. Aber: Sie sehen alle gleich aus, enge Skinny-Hose, Oversize-Jacke und eine große Brille. (Anmerkung: Ich hatte die große Brille bereits, bevor die halbe Influencer-Welt sie trug. Der Grund war ein einfacher: Wenn man mehr Zeit an einer Nähmaschine verbringt als an einem Rechner, benötigt man ein deutlich größeres Sichtfeld. So beschloss ich vor vielen Jahren, mein Sichtfeld großräumig zu verglasen.) Fertig ist der Fashion-Blogger. Aus dem vermeintlich eigenen Stil ist kollektive Individualität geworden, die zur Bildung eines Klischees herhalten muss. Da das Abheben von der Masse mittels gezielter Äußerlichkeiten nicht sehr erfolgreich ist, verändern wir oftmals unser Verhalten. Die Verhaltensänderung basiert häufig auf der Entscheidungsgrundlage

»Das passt zu meinem neuen Image« oder »Das habe ich mir verdient«.

Den Rheingau-Riesling nach einem harten Arbeitstag im Restaurant zum Beispiel. Das Drama: In der Karte und auch im geheimen Weinkeller hält der Wirt ausschließlich Tropfen von der Mosel vorrätig. Der Ober muss anschließend als Prellbock herhalten und sich das enttäuschte Gemecker anhören. Dieses wird in einer Lautstärke artikuliert, dass mindestens der halbe Gastraum ausreichend beschallt ist. In erster Linie ist dies nichts anderes als Frustabbau über eine nicht erfüllte Vorfreude. Dahinter steckt aber das Buhlen um Aufmerksamkeit, wenngleich keine sehr positive. Hier verhält es sich wie bei Nachrichten: Also »bad news are good news« – Hauptsache, man bleibt im Gespräch. Wichtig ist, dass das Umfeld mitbekommt, dass der »Weinkenner«, übrigens ebenso eine Art Statussymbol, das gerne gepflegt wird, in diesem Restaurant nicht auf seine Kosten kommt. Richtig übel wird es, wenn die Beschwichtigungsversuche des Service nicht erfolgreich sind und sich der Gast mit Worten wie »In diesen Scheißladen gehe ich nie wieder« verabschiedet.

Bei genauer Betrachtung des Beispiels versuchte der Gast, seinem Vorhaben, nämlich sich von der Masse abzuheben, gerecht zu werden. Wissen um Wein ist ein edles Hobby und spiegelt die Zugehörigkeit zu einer bestimmten Gesellschaftsgruppierung wider: den gebildeten, erfolgreichen und genussorientierten Menschen. Deshalb pflegt er in der Öffentlichkeit diesen Status. Womöglich schmeckt ihm darüber hinaus der Wein sogar. Sehr schön zeigt sich hier, wie schwierig es ist, das Bestreben zu verfolgen, sich vom Rest abzuheben, ohne dabei die Bodenhaftung zu verlieren. Welches Verhalten findet in unserer Gesellschaft noch anerkennende Aufmerksamkeit und ab wann wird es arrogant und überheblich?

Manchmal aber lässt man sich auch den Boden unter den Füßen wegziehen. Es geschieht langsam. Zu meiner Zeit als Werberin durfte ich jahrelang für edelste Uhrenmanufakturen und Schmuckhersteller arbeiten. Meine Arbeit sprach für sich, und so wohnte ich immer öfter irgendwelchen Upperclass-Events bei. Dort zelebrierte man sich selbst, man feierte sich gegenseitig und stellte bewundernd die funkelnden Statussymbole zur Schau. Es war meine Aufgabe, diese Klasse kommunikativ mit den neuesten Edelteilen zu versorgen. Mit jedem Besuch wurde ich mehr zu einem Teil dieser Welt und diese ein Teil von mir.

Auf einer Veranstaltung legte man mir meine erste Uhr, eine Cartier, ans Handgelenk. »Die unterstützt ihre Schönheit außerordentlich! Außerdem machen Sie so hervorragende Arbeit, da können Sie sich wirklich mal etwas gönnen.« Als ob ich es nicht besser gewusst hätte – schließlich verdiente ich mein Geld mit Werbung! –, verfiel ich den Worten. Und kaufte das Ding. Es blieb nicht bei der einen. Denn: Der eigene Erfolg will dauerhaft und immer wieder neu gepflegt zur Schau gestellt werden. Und leider blieb es nicht beim Konsum von materiellen Statussymbolen. Mein Verhalten veränderte sich schleichend in genau das, was man von Menschen erwartet, die Handtaschen zum Preis eines Kleinwagens durch die Gegend schunkeln, teure Uhren am Handgelenk tragen und wahnsinnig wichtig sind. Ich war mir nämlich sicher, auf einmal unheimlich unersetzlich und von enormer Bedeutung zu sein. Zwar wäre mir ein Döner lieber gewesen als dauernd Jakobsmuscheln und Gedöns, statt einer dicken Karre hätte es auch eine Bahncard 100 getan, aber dieses »einfache« Leben wäre nicht mit meiner Position vereinbar gewesen. Ohne Scheiß: Diesem Glauben verfiel ich mit der Zeit. Gleichzeitig wurde ich in meiner »Art« immer abgehobener. Aus der Bodenständigkeit wurde Arroganz, aus dem inneren, jugendlichen »Ich mach mir die Welt, wie sie mir gefällt« wurde das obligatorische »Was kostet die Welt?«.

Heute trage ich keinen Zeitmesser mehr. Ab und an genieße ich feine Küche. Nicht in irgendwelchen hippen Schuppen, sondern in traditionellen alten Häusern wie zum Beispiel dem Schwarzen Adler in Vogtsburg. Wer? Wo? Richtig. Einer kleinen Sterneküche an der französischen Grenze. Kaum einer kennt es, aber hier wird nach den Werten gekocht, die ich schätze: das Slowfood-Konzept schwingt dort im Kochlöffel mit. Heute genieße ich ebenso. Nur der Grund ist ein anderer: nicht, weil es dazugehört und ein Image unterstreicht, sondern weil es mir im Stillen Freude bereitet.

Ich habe nämlich erkannt, dass man nicht aktiv forcieren kann, sich wirklich aus der Masse abzuheben. Ein Mensch, der sich in seinem Sein und seiner Haut wohlfühlt, das Vertrauen in sich trägt, einzigartig zu sein, glänzt ganz von selbst mit Individualität und hebt sich damit vom Rest ab. Wer sich traut, einen Standpunkt zu vertreten und eine eigene Meinung zu haben, ehrlich mit sich selbst und gegenüber seinem Umfeld zu sein, vermeidet automatisch Gleichheit und Konformität und wird damit zu etwas Besonderem, denn diese kompromisslose Haltung ist auffällig in einer Gesellschaft wie der unseren, in der Angst und Mutlosigkeit zu Hause sind. Ein künstlich gepflegtes Image, unterstützt durch materielle Statussymbole, lässt uns früher oder später in Arroganz abheben. Eine gewachsene innere Haltung, die man verkörpert und tagtäglich lebt, lässt andere zu einem aufschauen, ohne dass man sich selbst über seine Mitmenschen stellt. Echte Augenhöhe ist das Ergebnis.

Deshalb ist Bodenhaftung so wichtig: Welchen Rang man im gesellschaftlichen oder wirtschaftlichen Theater auch einnimmt, am Ende sitzt man, wie alle, auf den gleichen durchgesessenen Stühlen und sieht dieselbe Vorführung. Es ist menschlich, den Versuch zu starten, sich von den hinteren Reihen aufs Parkett vorzukämpfen, um eine bessere Sicht oder einen helleren Klang zu bekommen. Niemals aber darf man vergessen, woher man kommt, oder schlimmer noch: sich von den Menschen, die an der Seite oder hinten sitzen, abzuschotten und diese zu verurteilen. Denn jeder von uns, selbst wenn er in der ersten Reihe sitzt und nur Premieren genießt, ist immer noch derselbe Mensch wie einst, bevor er in den Genuss des bevorzugten Theaters gekommen ist. Sich das stets vor Augen zu halten, nenne ich »Bodenhaftung von innen«.

Damit ich mir dieser Bodenhaftung immer wieder bewusst werde, hängt ein kleiner Post-it-Zettel an meinem Schreibtisch. In Stichworten steht darauf, was mein Erfolgsrezept für gelebte Bodenständigkeit ist und ausformuliert folgendermaßen lautet: Sei dankbar, dass dich das Leben nach vorne gespült hat. Wir alle wissen, dass man nicht alleine für eine perfekte Platzierung verantwortlich ist. Oftmals hatte der Zufall oder das Glück, Vitamin B oder einfach eine wirklich selbst herausgearbeitete Chance großen Anteil daran. Darüber hinaus ist es wichtig, sich nicht zu groß zu machen oder gar dafür zu halten, damit die Menschen, die hinter einem sitzen, eine ebenso gute Sicht auf die Bühne bekommen. Dreh dich immer wieder um und frage, ob du dich etwas anders platzieren sollst, um allen eine angenehme Aufführung im Theater zu ermöglichen. Hör auf, dich lautstark und ohne Inhalt zu äußern, nur um Aufmerksamkeit zu generieren. Das stört jede Vorführung. In der Stille liegt die Macht. Und im Machen liegt die Anerkennung.

Es geht jedoch viel kürzer: Sei für jeden Menschen der Mensch, den du gebraucht hättest, als du jung warst.

*Versöhnung ändert nicht die Vergangenheit.*
*Sehr wohl aber die Zukunft.*

# 16

# WAS LANGE GÄRT, WIRD ENDLICH WUT

Ruhe in Frieden« lautet eine verbale Grabbeigabe. Wenn der Tote sein ganzes Leben in Zwietracht verbracht hat, ist dieser Wunsch natürlich so was wie der letzte Strohhalm. Wäre es aber nicht besser, bereits im Leben innere wie äußere Harmonie zu pflegen?

Es gibt einen weiteren Satz, der oftmals als mittelmäßige Motivation und Trostpflaster dienen soll. »Am Ende wird alles gut!« Nur: Am Ende? Wieder die Aussicht, erst in Frieden zu ruhen? Kann es nicht mittendrin schon besser werden? Oder von Anbeginn gut sein? Es liegt an uns selbst, genau das zu tun und zu leben. Die innere Haltung zu sich selbst und gegenüber seinem Umfeld ist es, was unser Handeln bestimmt.

Wer tagtäglich mit misanthropischer Grundeinstellung dem Leben begegnet, muss sich nicht wundern, im besten Fall für einen Pessimisten, im ehrlichen Fall für ein ausgewachsenes Arschloch gehalten zu werden. Wer sich an jeder Kleinigkeit aufreibt, wird schnell merken, dass ihm für die großen, wichtigen Dinge schlichtweg die Kraft fehlt. Wut und Hass sind keine guten Begleiter, keine Gehilfen für erfolgreiche Entscheidungen, sondern Wasserträger der Rache. Und: Rache ist nicht süß. Rache ist gefährlich. Nicht nur für denjenigen, dem die Vergeltung gilt, sondern für uns selbst. Weil wir Rache als »Gerechtigkeit« sehen und die Revanche als Wiederherstellung des eigenen Ansehens. In erster Linie wollen wir uns persönlich damit beweisen, dass in der Art, die Wut in uns ausgelöst hat, nicht mit uns umgegangen werden darf. »Mit mir nicht!« lautet dann oft die Überschrift des Racheplans. Aber? Wir gewinnen nichts. Wir verlieren wertvolle Lebenszeit und zerschlagen mehr Porzellan, als der Küchenschrank hergibt.

So oft werde ich gefragt, woher ich nur all meine Kraft nehmen würde für die vielen Projekte und Engagements, die ich täglich pflege. Ein elementarer Energiespender ist meine Entscheidung, die ich in meinem Zwangsklinikurlaub fällte: »Sina, ab heute hast du nur noch gute Laune!« Die Entscheidung basierte auf einem Artikel, den ich in einem Fachmagazin für Psychologie gelesen hatte. Der Inhalt war einfach zu verstehen: Man ist, was man denkt. Demnach fing ich von dem Moment an, grundlegend optimistisch zu denken.

Dass der Weg hin zur Berufsoptimistin doch nicht so einfach würde, durfte ich bereits kurze Zeit später erkennen: Es dauerte keine vier Wochen nach meiner Entlassung und dem Wiedereinstieg in mein berufliches Leben, und ich schälte mich erneut aus dem Anzug. Ich bekam einen Brief mit einer schlechten Nachricht. Ein Lieferant teilte mir mit, dass er zwar garantiert habe, den von mir bestellten Stoff zu liefern, es aber nicht machen werde. Stinksauer rannte ich zum Telefon. Ich wählte die Nummer des Geschäftsführers und faltete nach alter benimmloser Manier den armen Kerl am anderen Ende der Leitung zusammen. Weil ich wütend war. Unsagbar wütend. Der Geschäftsführer wollte zum Antworten ansetzen, aber ich ließ ihn nicht zu Wort kommen, sondern legte auf.

Die erste Wut war verflogen, gleichsam aber stellte sich kein Gefühl der Genugtuung ein. Vielmehr war ich über mich selbst erschrocken. Eine Kleinigkeit im großen Ganzen schoss mich derart auf die Palme, dass ich die Fassung verlor und meine neue Maxime schlichtweg in den Wind hängte. Auf den ersten Schritt des »Luftmachens« und Wutabbauens müsste nun die Vorbereitung der Vergeltung geschehen: Recherche eines alternativen Lieferanten, neue Verträge aushandeln, bei zeitgleicher Geltendmachung des Schadensersatzes beim alten, nicht lieferfähigen Partner. Nur, um das obligatorische »Mit mir nicht!« zu zeigen?

Es war die Schlüsselszene, in der ich für mich entschied: »Mit mir nicht!« Dieser Satz aber galt der Rache – also holte ich tief Luft, griff erneut zum Hörer und drückte die Wahlwiederholungstaste. Der Geschäftsführer nahm ab und musste auf dem Display bereits meine Nummer erkannt haben. Anders ließ sich die völlig eingeschüchterte, kleinlaute Stimme nicht erklären. »Herr D.?«, fragte ich in einigermaßen ruhigem Ton. »Ja?«, bekam ich ebenso fragend zur Antwort. »Ich möchte mich in aller Form für das eben geführte Gespräch entschuldigen. Bitte sehen Sie mir nach, dass die Gäule mit mir durchgegangen sind!«, sagte ich. Und fühlte mich prompt besser. Der Geschäftsführer nahm meine Entschuldigung an, und geduldig hörte ich seinen Schilderungen zu, warum er den Stoff nicht liefern konnte. Eine Maschine sei kaputt, und die Ersatzteilbeschaffung würde länger dauern. Wir einigten uns darauf, dass ich die Lieferung erhalten würde, wenn seine Firma lieferfähig ist. »Dann gibt es halt T-Shirts im Juli statt im Mai«, sagte ich. »Da braucht man sie auch noch!«, sagte er. Wir gingen beide zufrieden aus dem Gespräch. Ohne Rache in die gemeinsame Zukunft.

Die beste Antwort auf große Wut über viele Kleinigkeiten ist also Nachsicht und Verständnis. Noch besser ist es, Wut gar nicht erst wachsen zu lassen. Dafür aber schlucken wir zu oft kleinen Ärger runter und lassen Zeit vergehen, bis uns ebenjener auf den Magen schlägt. Dabei handelt es sich oft um Nichtigkeiten, die in Summe und auf Dauer zur großen Explosion werden.

Das schönste Beispiel für mich ist die obligatorische Uneinigkeit rund um die Zahnpastatube. Ja, auch ich gehörte zu den Frauen, die sich jedes Mal grün und blau gestreift ärgern konnten, wenn mein Ex-Mann die Tube am Morgen nach dem Zähneputzen nicht wieder zuschraubte. Das muss ein »Männerding« sein, schließlich hat sich das auch auf unseren Sohn vererbt. Bei ihm aber konnte ich noch erzieherisch einwirken. Und heute? Heute gehe ich morgens ins Bad und sehe eine Tube Zahnpasta liegen. Daneben den Schraubverschluss. Ich ärgere mich nicht mehr, denn ich denke anders. Mit einem Lächeln schraube ich den Deckel drauf, weil ich weiß, dass mein Lieblingsmensch da ist, wenn ich die Tube morgens so vorfinde.

Die Psychologen haben also recht: Man ist, was man denkt. Allem, was geschieht, kann man etwas Positives abgewinnen und somit Wut im Keim ersticken. Auch wenn es nicht einfach ist, es lohnt sich: für die eigene Laune und Energie. Salopp gesagt: Scheiße, die vor der Tür liegt, muss man sofort wegräumen. Sie wird nicht weniger. Nur härter. Je länger wir mit dem Aufräumen warten, umso größer ist unsere Wut angewachsen. Manchmal jedoch ist aus ihr sogar schon Hass geworden. Dann ist ein anständiges Aufräumen nicht mehr möglich. Folglich wäre es ergebnislos, schnell zu reagieren und mit Nachsicht und Behutsamkeit zu arbeiten. Wut und Hass sitzen zu tief und zu lange in der Seele. Es braucht eine größere Dimension: Vergebung und Versöhnung.

Neid und Missgunst sind zwei Emotionen, die tiefe Wut nachhaltig nähren. Das Dümmste daran: Wir selbst sind es, die fleißig dieses fiese Gefühls-Duo schüren. Beides sind Reaktionen auf einen anderen Menschen oder eine Personengruppe. Neid, die »soziale« Wirkung, kommt in uns auf, wenn wir ein Problem haben, einen Wesensvorteil unseres Gegenübers zu akzeptieren. Wir sind neidisch auf das Aussehen von anderen, ihre Klugheit, Stärke oder Durchsetzungskraft, kurz: Charakteristika und persönliche Wesenszüge. Missgünstig reagieren wir auf die meist materielle Stellung des Menschen, mit dem wir uns vergleichen.

»Das Vergleichen ist das Ende des Glücks und der Anfang der Unzufriedenheit«, soll der dänische Philosoph Søren Aabye Kierkegaard gesagt haben. Ist ja logisch, werden nun viele denken, man darf seine innere Zufriedenheit nicht von äußeren Umständen abhängig machen. Es klingt einfach, das ist richtig. Die Durchsetzung allein jedoch ist alles andere als leicht. Gerade in einer Gesellschaft, die oberflächlicher und materieller nicht sein könnte, ist es nahezu unmöglich, sich dem Vergleichen zu entziehen. Und trotzdem ist genau das der Schlüssel, um in Frieden gemeinsam in einer Gemeinschaft zu leben. Wer nämlich permanent stänkert und wütet, weil ein anderer mehr hat oder ist, vermiest sich nicht nur sein Leben, er verpasst es. Neid und Missgunst sind nicht nur wutnährend, sondern auch destruktiv und kräfteraubend. Neidisch zu sein, dieses Gefühl zu pflegen und nach außen zu tragen kostet Zeit und Energie. Genau die beiden Komponenten, die es benötigen würde, um sich am eigenen

Schopf aus dem Schlamassel zu ziehen, indem man an sich selbst und an seiner Stellung arbeitet.

Ich war auch neidisch. Abgrundtief neidisch. Und missgünstig. Meine halbe Kindheit hindurch bis in die Dreißiger. Meinen Geschwistern, beide jünger, gegenüber war ich missgünstig. Neidisch auf alle meine Freundinnen und Freunde, die eine Bilderbuchfamilie hatten (die es natürlich nicht gibt, aber als Kind und Jugendlicher weiß man das nicht). Im Nachhinein betrachtet auf das gesamte Leben aller Menschen, die nicht so eine, für mich damals harte, Jugend durchleben mussten.

Ich bin die Erstgeborene in meiner »Familie« und wurde stets benachteiligt. Es war keine subjektive Empfindung, sondern nachprüfbarer Fakt. Schon als Kind war ich sehr wütend darüber, und meine Schwester war leider die Leidtragende des Fehlverhaltens meiner Mutter. Wir bekamen eine neue Wäschemangel. Meine Mutter spannte ein Bettlaken ein, während ich neben ihr stand und fragte, ob ich einmal draufdrücken dürfe und die Mangel damit in Bewegung setzen. »Ja«, sagte sie. Zeitgleich fiel meiner Schwester ein, die auf dem Schoß meiner Mutter saß, dass sie die Erste sein wolle beim »Draufdrücken«. Kurzerhand entschied meine Mutter anders und ließ meine Schwester zum Zug kommen. Neidisch meiner Schwester gegenüber und wütend über die Benachteiligung durch meine Mutter tat ich etwas, wofür ich mich heute, als Erwachsene, schäme. Ich aber war sechs Jahre alt. Während meine Schwester die Hände in der Mangel hatte, um das Laken zu positionieren, drückte ich voller Absicht und in Rage das Pedal – und verbrannte ihr die Hände. Noch heute hat sie Narben davon. Und ich ein schlechtes Gewissen.

Das für mich jedoch schlimmste Erlebnis im Hause meiner Eltern war, als ich dreizehn Jahre alt war. Ich kam frisch verliebt aus dem Ferienlager. Die »Beziehung« zu meiner ersten Liebe endete am letzten Tag der Radltour, da wir beide, Ulrich und ich, der Meinung waren, eine Fernbeziehung über einundzwanzig Kilometer würde keine Zukunft haben. Aber, so waren wir uns sicher, wir würden uns schreiben und bald wiedersehen. Einige Tage nach meiner Rückkehr besuchte meine gesamte Familie das Augsburger Volksfest, und wir durften Lose ziehen. Während ich in den Topf griff, dachte ich an »Ulrich«. Bei meinen Geschwistern hagelte es nur Nieten. Ich jedoch gab einen gellenden Freudenschrei von mir, als ich das Los öffnete. »Hauptgewinn« stand auf dem kleinen Zettel. Die Symbolik, nämlich einen »Hauptgewinn« zu ziehen, während man an die erste große Liebe dachte, ist eine eindrückliche. Mein Blick schweifte durch den Loswagen, und ich entdeckte eine überdimensionale Swatch-Uhr. »Diese nimmst du und schickst sie Uli, damit er sieht, dass die Zeit schnell vergeht, bis wir uns wiedersehen«, dachte ich und wollte zur Preisausgabe laufen. In diesem Moment hielt mich meine Mutter fest, nahm mir das Los aus der Hand und sagte: »Sina, das geben wir jetzt deiner Schwester. Die hat schließlich Geburtstag.« So gingen wir nach Hause. Ohne Swatch, dafür mit einem riesengroßen Plüschelefanten, der irgendwann in den Sperrmüll wanderte.

Diese permanente Wut aus Neid und Missgunst, die immer wieder durch Ungerechtigkeiten genährt wurde, trieben mich in jungen Jahren aus dem Haus. Ich nahm mein Leben selbst in die Hand: Vormittags ging ich in die Schule, nachmittags und abends schrieb ich für die lokale Tageszeitung, um mir meinen Lebensunterhalt zu verdienen. Ich wohnte mal sechs Wochen bei Bekannten und drei Monate bei einer Freundin. Zu meiner Familie hatte ich keinen Kontakt mehr, und so verblassten Neid und Missgunst und mit ihnen die Wut.

Lange aber hielt diese friedliche Zeit nicht. Als ich eines Tages in die Redaktion kam, fing mich mein Chefredakteur der *Schwabmünchner Allgemeinen* ab und sagte: »Sina, du weißt, wie sehr ich dich und deine Arbeit schätze. Und ich würde dir gerne helfen. Aber deine Eltern haben mir verboten, dir Aufträge zu geben. Sie sind erziehungsberechtigt, ich muss mich daran halten!« In dem Bruchteil einer Sekunde war sie wieder da, die Wut. Blanke Wut. Klein beigeben und wieder bei meinen Eltern einziehen? Das war keine Option für mich. Rache? Chancenlos. So fing ich kurzerhand an, zu kellnern und die Schule etwas schleifen zu lassen. Zeitgleich wechselte ich in eine andere Lokalredaktion, die das »Vergnügen« mit meinen Eltern noch nicht hatten. Einige Monate später war meine Wut einer gewissen Überlegenheit gewichen. »Klein kriegt ihr mich nicht!«, dachte ich mir und ging weiter beharrlich meinen Weg.

Dieser endete dann abrupt mit siebzehn in einem geschlossenen katholischen Mädcheninternat mit Erziehungsmethoden, die sich wie aus dem vorletzten Jahrhundert anfühlten. Eine Entscheidung der Erziehungsberechtigten. Die Entscheidung meiner Eltern. Bis zu meiner Volljährigkeit verbrachte ich dort Schul- und Lebenszeit. Schwester Regis, die damalige Leiterin des Internats, versuchte meiner Wut stets mit Milde zu begegnen und gab mir auf den Weg, dass Versöhnung die einzige Möglichkeit ist, eine harmonische Zukunft zu gestalten.

Über Jahre hinweg habe ich nicht begriffen, wie Eltern so ungerecht gegenüber einem Kind sein können. Ehrlich gesagt begreife ich es immer noch nicht, wohl aber habe ich es akzeptiert. Mehr noch: Ich bin dankbar dafür. Denn all die Erlebnisse haben mich zu dem gemacht, was ich nun bin: ein äußerst gerechtigkeitsliebender Mensch, der sich tatkräftig für Fairness einsetzt. Diese Zeilen kann ich heute schreiben ohne ein Quäntchen Wut oder Hass, ohne Neid oder Missgunst, weil ich mich versöhnt habe mit meiner Jugend. Und weil ich meinen Eltern vergeben habe. Sie sind kein Grund mehr für Zorn auf meine Vergangenheit, werden aber auch kein Teil sein in meiner Zukunft. Ich gehe ohne Rache in die Zukunft und mit der Erkenntnis: Wenn man vergibt, verändert sich nicht die Vergangenheit. Die Zukunft aber sehr wohl.

*Wer machen will, muss denken.*
*Wer Neues kreieren möchte,*
*muss Altes überdenken.*

# 17

## WER DENKT, DIE HUMMEL IST DUMM, IST DOOF

Das Denken ist die Mutter des Machens. Und zum Denken bedarf es Ruhe, Müßiggang, freie Zeit und Faulheit. Allein die Aufzählung der Umstände, die es für die Gedankenarbeit benötigt, zeigt, wie sehr das Denken in unsere heutige, schnelllebige Zeit passt: überhaupt nicht. Es ist nicht en vogue, tagelang im Café zu sitzen, zu beobachten, Eindrücke zu sammeln und zu sinnieren. Vielleicht gibt es deshalb immer weniger Kaffeehäuser und immer mehr Coffee-to-go-Buden?

Es ist auch aus der Mode, am Wochenende faul am Flussufer zu liegen und Gedankenspaziergänge zwischen den Wolken zu machen. Was nämlich sollte man dann montags seinen Arbeitskollegen Spektakuläres erzählen? »Ich war am Wochenende auf einem Extrem-Trail in den Bergen, dann auf dem neuesten Konzert meiner Lieblingsband, und habe, Gott sei Dank, rechtzeitig den Billigflieger noch bekommen, weil wir im In-Restaurant so lange auf die Rechnung warten mussten, für einen Tag Sightseeing in Stockholm« kommt deutlich besser an als »Ich war achtundvierzig Stunden ne faule Sau, habe aber dabei gedacht«.

Zudem wird uns vorher schon – oftmals an der Universität, Bologna-Reform sei Dank – das juvenile Interesse am Denken spätestens im vierten Semester abgewöhnt. Vielleicht war dies der Grund, warum ich mein Betriebswirtschaftsstudium nach dem Vordiplom erfolgreich abgebrochen habe. Ich hatte das Gefühl, ich müsste mir mein Resthirn konservieren. Das Gros aber studiert fertig, ist unheimlich gebildet, aber zunehmend unvermögend zu denken. Hinzu kommt, dass der Alltag heute auch kein echtes Denken mehr erfordert. Weder kleine noch große Gedankengänge. Die kleinen macht der Taschenrechner, Siri und das Navigationssystem, für die großen gibt es Google. Selbst Zeitfenster, die das Denken zulassen, zum Beispiel beim Lesen eines Buchs, nehmen ab, denn auch dafür hat bereits ein findiges Start-up die Lösung, fürs Nichtdenken: eine App, die die Kernaussagen eines jeden Sachbuchs dem Kunden innerhalb von zehn Minuten vermittelt. Zeit gespart für andere Dinge. Nur nicht fürs Denken. Deshalb findet es auch kaum mehr statt. Damit beginnt das große Dilemma, denn: Unsere Ziele und Wünsche erreichen wir nur, indem wir »machen«. Die innere Motivation, Vorstellungen umzusetzen, wiederum entsteht aus dem Denken. Folglich: Wer sich keine Zeit und Muße gibt zu denken, verfügt nicht über die notwendige Motivation, auch anzupacken und es zu tun.

Kein Problem, könnte man jetzt denken (!), dafür gibt es doch Motivationscoaches. Als böse Zunge halte ich dagegen: Das ist eines der Probleme. Nimmt man mal die gesamte Anzahl dieser Chakka-Chakka-Gurus zusammen (und damit meine ich nicht ernsthaft praktizierende Begleiter auf einem Weg des Reflektierens), dürfte ziemlich jeder deutsche Bundesbürger ein Motivationsproblem haben. Für jedes noch so kleine Zipperlein: von A wie »Achtsamkeit« bis Z wie »Ziele erreichen« – jedes Spezialgebiet wird bedient von unzähligen Trainern. Und die motivationslechzende Meute jüngert hinterher. Ohne nachzudenken. Ohne gelernt zu haben, wie man sich selbst dauerhaft und eigenständig motiviert. Das ist auch nicht gewünscht. Schließlich lebt ein Coach vom Re-Booking. Es wäre fatal, würde ein Kunde sein Problem ernsthaft lösen, seine Ziele tatsächlich erreichen, dann wäre Schluss mit ausverkauften Hallen und Millionenauflagen an Motivationsbüchern. Folglich erzählt der Guru schöne Geschichten, die den Anschein der Motivation haben, aber nicht zum Denken anregen.

Meine Lieblingsgeschichte ist übrigens die von der Hummel. Nahezu jeder Chakka-Chakka-Trainer hat sie im Repertoire und erzählt sie zu jeder Gelegenheit. Ich selbst durfte sie ebenfalls von einem Mentaltrainer erfahren, als ich mich im Internet mal wieder antriebslos durch Youtube hangelte. Die Geschichte ging ungefähr so: Die Hummel ist zu dick zum Fliegen. Weil die Hummel aber doof ist, denkt sie sich nichts dabei und fliegt. Anschließend folgte der Aufruf ans Auditorium, Hummel zu sein und einfach loszufliegen. Hirnlos und hummeldumm.

So kurz diese Geschichte ist, so gemein ist sie. Doppelt gemein. Zum einen fand ich es ziemlich daneben, mich – in dem Moment ebenfalls zur Zuhörerschaft zählend – zum Nichtdenken aufrufen zu lassen, um schön blöd zu bleiben. Zum anderen ist das arme Tier überhaupt nicht dumm. Die Wissenschaft selbst war es, die eine stupide Theorie verfolgte und diese sich über die Jahrzehnte verfestigte. Der Hummel-Hohn, der sich bis heute hartnäckig hält, ist auf den Mathematiker André Sainte-Laguë zurückzuführen. Dieser berechnete, dass ein Flugzeug mit der Tragflächengröße eines Hummelflügels nicht in der Geschwindigkeit einer Hummel fliegen könne. So weit war die Theorie noch richtig. Alles andere war aber falsch.

Während die Flugzeugtragfläche statisch ist, bewegt sich der Hummelflügel nicht nur auf und ab, sondern in einer Art »8«. Der dadurch entstandene Vorderkantenwirbel erzeugt einen enormen Auftrieb und – schwups, die Hummel fliegt. Nicht, weil sie doof ist. Weil sie es kann! Und, nebenbei bemerkt, weil die Natur sich sprichwörtlich etwas dabei gedacht hat.

Da war es wieder: das Denken. Früher verbrachte ich als junges Mädchen Anfang zwanzig ganze Nachmittage in Kaffeehäusern und saß einfach da, legte mein Geld in Kaffee und Kuchen an und dachte über Gott und die Welt nach. Zum Ende meiner ersten Karriere als dreißigjährige Werberin fehlte sie mir, die Zeit zum Denken. Mitten im Aufbau von manomama wurde es schier unerträglich: Nach drei Jahren »Start-up«-Phase und täglich mehr als achtzehn Stunden operativer, administrativer Arbeit blieb keine Sekunde übrig. Für nichts. Merklich schwand meine Motivation, Dinge anzupacken. Vielmehr pflichtbewusst erledigte ich die Sachen, die anfielen. Abends hatte ich meist alles erledigt, aber nichts erlebt. Und schon gar nichts durchgedacht. Kurzerhand dachte ich schon an »Burnout«. Schließlich wäre ich nicht die Erste und Letzte gewesen. Das aber war es nicht. Ich war weder gestresst noch überlastet. Meine Leistungsfähigkeit war nicht reduziert, und ich empfand keine ausgesprochene emotionale Erschöpfung. In weiten Strecken hatte ich sogar Spaß an der Arbeit. Allein die innere Motivation fehlte mir. Die äußere war gegeben: meine Menschen, um die ich mich kümmerte und sorgte.

Wenn aber ein Teil des Ganzen fehlt, trägt der andere umso kürzer. Und wenn der innere Antrieb fürs Machen immer kleiner wird, bleibt viel liegen. Die Arbeit häuft und türmt sich auf dem Schreibtisch. Und trotzdem will nichts recht von der Hand gehen. Umso absurder klingt im ersten Moment die Lösung des Problems: Liegt zu viel Arbeit auf dem Schreibtisch, gehe einfach alleine in ein Café. Aber genau das ist die Lösung des Problems. Eine Auszeit nehmen, ritualgleich. An einem Ort, an dem man ungestört Gedankenspaziergänge tätigen kann. Denken kann. Mit jeder Minute des Denkens wächst die Lust des Machens. Zurückgekehrt an den eigenen Arbeitsplatz, wird dann der Berg an Arbeit zusammengedampft. Es ist also nicht nur, dass ich bin, wenn ich denke. Ich denke, also mache ich. Wenn ich Altes überdenke, kann ich Neues schaffen. Und manchmal klingt es kompliziert, ist aber ganz einfach. Nicht dumm, oder?

*Selbst nach dem tiefsten Loch*
*geht es weiter im Leben.*
*Sonst wäre es kein Loch.*

# 18

## EIN LOCH IST NICHT DAS ENDE

»Bevor du ausziehst, die Welt zu verbessern, gehe dreimal durch dein eigenes Haus«, lautet ein altes chinesisches Sprichwort. Dummerweise startete ich das Weltverbessern bereits, als mein inneres Zuhause noch eine baufällige Bruchbude war. Immerhin schritten die Renovierungsarbeiten Schritt für Schritt voran. Je mehr ich mich kennenlernte und mein Leben auf mein neu entdecktes Ich abstimmte, umso weniger oft suchte mich das Gefühl des wunschlosen Unglücklichseins heim. Wenn sich doch ein Anflug von Unzufriedenheit ankündigte oder, noch schlimmer, ich drauf und dran war, mich wieder in alte Verhaltensmuster wie Frustsmoothen statt Fitness, Stakkato-Geschrei anstelle von Schlicht-Gespräch oder dauerhafte Arbeitswut statt mittäglicher Kaffeehausbesuch zu stürzen, zog ich sofort die Notbremse und nahm mir eine Auszeit in der Dimension, die die jeweilige Situation und ich individuell benötigten. Manchmal war es mit einer Zigarettenlänge auf dem Bürobalkon getan, manchmal reichte es, für eine Stunde die Laufschuhe zu schnüren und tiefe Züge Extraluft zu atmen, manchmal ließ ich alle Termine absagen, stahl mich zweiundsiebzig Stunden aus dem Alltag, verkrümelte mich auf mein Sofa und war für niemanden zu sprechen. Außer für mich. Diese Pausen nahm ich mir immer mit dem Ziel, den Grund des wieder aufkeimenden Unglücklichseins herauszufinden. Bald schon erkannte ich ein erstes Muster, und nach vielen weiteren spontanen Zwangspausen war ich mir sicher: Unliebsame Geschehnisse, die nicht von mir initiiert wurden, sondern einfach im beruflichen wie privaten Leben »passierten«, ließen nach wie vor gelbe Galle in mir hochsteigen, die anschließend am liebsten mit Wein hinuntergespült, mit Schokolade runtergestopft oder jähzornig in Worten ausgespuckt worden wäre. Mir fehlte es schlicht an der viel besagten Gelassenheit.

Meist waren es Vorkommnisse, die in ihrer Dimension nicht durch reines optimistisches Denken zum Hinnehmbaren gedacht werden konnten. Das bloße Ignorieren der negativen Ereignisse à la Positive Thinking ging ebenfalls nicht. Ich war zu realistisch, um mein eigenes Hirn zu bescheißen. Diese tiefen Löcher, die sich vor mir auftaten, waren nun einmal da. Das reine Wegsehen hätte sie nicht ungeschehen gemacht.

Der Zufall wollte es, dass ich in der Zeit, in der der Freitod eines Freundes einen tiefen Krater, gefüllt mir Trauer, Leere und Wut, in meine Gefühlswelt riss, einen Vortrag halten musste bei sehr strenggläubigen Katholiken in Köln. Ich selbst bin zwar nach neun Jahren christlicher Ordensschulzeit nicht vom Glauben abgefallen, jedoch hielt und halte ich es eher lose mit dem guten Herrn. Was mir sofort beim Betreten des Veranstaltungsraums auffiel, war die Tatsache, dass die Besucherinnen – es waren allesamt Frauen – vor Freude, Zuversicht und, ja, gelebter Glückseligkeit nur so sprudelten. Je länger ich in die vor Zufriedenheit strahlenden Gesichter sah, umso mehr stieg ein längst verloren geglaubtes Gefühl in mir auf: Neid. Kalter Neid. »Wie kann man in einer Welt wie dieser bei all den kruden Vorkommnissen nur so verdammt gut gelaunt sein?«, fragte ich mich selbst. Und ich hakte nach. Nach der Veranstaltung steuerte ich direkt auf die offensichtlich Glücklichste von allen zu. Es stellte sich heraus, dass es eine praktizierende Katholikin aus Peru auf Pilgerreise durch Europa war. Meine missgönnende Haltung ihr gegenüber ließ mich unfairerweise einen forschen Ton und provokante Worte an den Tag legen. Ich sagte: »Hey, eine Frage! Wenn es euren Gott gibt, warum schickt er mir jeden Tag besonders viel Scheiße vor die Tür?« Die Dame, bestimmt einen guten Kopf kleiner als ich, stellte sich aufrecht vor mich hin, blickte zu mir auf und lächelte meine gesamte Wut innerhalb von Sekunden in Grund und Boden. Dann sagte sie mit sanfter, unerschütterlicher Stimme und charmant südländischem Akzent: »Nun, es ist auch dein Gott, er ist auch für dich verantwortlich. Und er kennt dich. Er schickt dir, wie sagtest du, jeden Tag besonders viel Scheiße vor die Tür, weil er jeden Tag besonders viel Vertrauen in dich setzt.« Strahlte mich erneut an, drehte sich um und ging. Ich hingegen stand wie versteinert da, weil mir soeben in sehr einfachen und eindrücklichen Worten mitgeteilt wurde, dass mir zum Glücklichsein schlichtweg das Vertrauen fehlte. Der Glaube an mich selbst.

Um Gelassenheit zu erreichen, also einen elementaren Baustein eines glücklichen Lebens, reicht es nicht, sich zu kennen, optimistisch zu denken und auf seine innere Stimme zu hören, man muss sich schon selbst vertrauen. Wer sich selbst das nötige Vertrauen ins eigene Sein und Handeln schenkt, kann die Dinge annehmen, die geschehen sind. Nur was man akzeptiert hat, kann man anschließend auch umgestalten beziehungsweise damit weiterleben. Es gibt

Ereignisse, die nicht rückgängig gemacht werden können. Durch das Anerkennen kann man aber zumindest den Umgang mit ihnen verändern.

Gläubige werden in dieser Art des Umgehens eine der Grundlehren des Buddhismus wiederentdecken, moderne Mentaltechnikcoaches und Freunde des Neurolinguistischen Programmierens nennen es im Überbegriff Reframing, und alte Meister wie Epiktet formulierten es folgendermaßen: »Es sind nicht die Dinge, die uns beunruhigen, sondern die Meinungen, die wir von den Dingen haben.«

Man muss also nur lernen, selbst negativen Ereignissen etwas Positives abzugewinnen. Und man kann es lernen. So wurde aus einem Vertrauensbruch unter Geschäftspartnern, der mich zutiefst enttäuschte, eine Chance auf Neuausrichtung meiner Firma. Das Ende meiner Ehe wurde zeitgleich der Neubeginn des Lebens der »neuen« Sina. Der Tod meines engen Freundes konnte zumindest auf die Wahrnehmung des Stellenwerts des Lebens und auf die Wertschätzung meines Lebens sehr positiv einwirken.

Dabei hat Reframing nichts mit Schönreden zu tun. Es geht nicht darum, alles, was uns bedrückt, zu unterdrücken, indem wir mittels Umdeutung die »Gute-Laune-Platte« auflegen. Gerade Emotionen wie Trauer und Frust brauchen Raum und wollen, ja müssen gelebt werden. Vielmehr hilft Reframing bei der Selbstreflexion und dem Kraftschöpfen fürs Weitermachen, indem man sich ernsthaft mit Informationen, Geschehenem und Ereignissen auseinandersetzt und sie aus dem Rahmen nimmt, den wir der Sache spontan, intuitiv oder reflexartig verliehen haben. Gleichzeitig geben wir durch Umdenken den Dingen eine neue Umrahmung und setzen sie in ungewohnten, neuen Bezug. Die Kernfrage dabei ist immer: Gestalten wir den Umgang mit den Phänomenen oder gestalten die Phänomene uns?

Auch wenn ich immer mehr am eigenen Vertrauen arbeitete und mich zunehmend der Reframing-Technik bediente, reichte all die Arbeit und das Wissen um den Umgang mit meinen »Löchern« nicht aus, um an den Status Gelassenheit zu gelangen, den ich mir wünschte. Für einen emotionalen Menschen wie mich war bei genauer Betrachtung alle Methodik und angewandte Technik zu theoretisch, zu wenig griffig. Es fehlte mir das Bildhafte. Ein Film, den ich mir bei geschlossenen Augen in meinem Kopf abspielen konnte, wenn ich wieder einen Berg Kacke am Dampfen hatte und der mich tröstet sowie gelassen werden lässt. Eine Art Symbolik, unabhängig von Kultur, Tradition oder Glaube. Keinen brennenden Busch oder rauschebärtigen Allmächtigen, keinen grinsenden Dickwanst und nichts mit sieben Armen und drei Rüsseln. Diesen Überlegungen entsprang meine eigene Symbolik. Ein Sinnbild, das mir immer dann hilft, wenn ich Gelassenheit, Trost und Zuversicht zugleich benötige. Die Idee dazu entstand übrigens an einer alten Webmaschine, die mit Lochkarten gesteuert wurde. Mein Weber erklärte mir, dass man eine solche Lochkarte zu seiner Ausbildungszeit händisch Loch für Loch gestanzt hatte. Dabei musste man sehr akribisch arbeiten, sonst »programmierte« man ungewollte Webfehler in das fertige Gewebe, schließlich sah man das Ergebnis und dessen Richtigkeit erst nach Fertigstellung des Stoffs. Seine Schilderungen waren die Grundlage für meine Lochband-Theorie:

Mit der Geburt bekommt jeder Mensch ein Lochband in eine Webmaschine eingelegt, und das Weben des Lebensbands beginnt. Die Länge des Lochbands ist von Mensch zu Mensch unterschiedlich und steht sinnbildlich für die individuelle Lebensdauer. Manche haben das Glück, eine riesige Rolle mit auf den Weg zu bekommen, bei anderen sind nur überschaubar wenige Meter auf der Hülse. Die Lebensdauer eines Menschen ist demnach eine fixe Größe, die nicht veränderbar ist. Diese Tatsache ist meiner Meinung nach insofern wichtig, als dass die Unverhandelbarkeit der Lebensdauer Druck nimmt und eine grundlegende Gelassenheit gibt, da man sich nicht mit Verzicht und permanenter Vorsicht herumquälen muss. Es ist also egal, ob man besonders ungesund lebt oder einen nahezu asketisch gesunden Lebensstil pflegt. Sieht das Lochband vor, dass der Mensch mit siebenundvierzig Jahren stirbt, wird dies so sein.

Die Breite des Lochbands legt den grundlegenden Charakter und die Veranlagung fest. Verfügt ein Mensch über ein schmales Band, ist er eher von sensibler und wenig belastbarer Natur, ein Breitbandbesitzer hingegen verkörpert den robusten, widerstandsfähigen und starken Charakter. Bei Letzterem kann die Maschine eine große Schlagzahl fahren, da die Reißfestigkeit deutlich höher ist als beim Dünnbandbesitzer. Dieser hingegen muss darauf achten, dass das Band nicht ausreißt, weil die Maschine zu schnell webt.

Jedes Band ist in unregelmäßigen Abständen mit Lücken in verschiedenen Durchmessern versehen. Diese stehen sinnbildlich für genau jene Löcher, die im Laufe unseres Lebens auf uns warten. Sie sind da. Man kann sie nicht umschiffen, wegignorieren oder zukleben. Noch weniger kann man sie verhindern. Die einzige Aufgabe, die wir Menschen haben, ist das Innehalten, während die Webmaschine das jeweilige Loch im Band einwebt. Und wir sollten erleichtert sein: ein Loch ist nämlich kein Ende. Es ist nur ein Loch. Wäre es das Ende des Bands, würde es nicht weitergehen. Das Loch jedoch ist ummantelt von Bandgewebe. Im übertragenen Sinne heißt dies, dass nach jedem Tiefschlag oder schlimmen Ereignis das Leben in festen Bahnen weitergeht.

Diese Aussage ist das Elementare für mich. Ein Trost, der mir immer wieder hilft, das Durchhalten auszuhalten. Gleichzeitig müssen wir bei Beginn eines Lochs umgehend die Geschwindigkeit der Webmaschine drosseln. Die Reduktion des Tempos ermöglicht uns Zeit, um die Dimension, die Größe des Lochs zu erfassen und unser Verhalten neu abzustimmen. Ebenso für einen oder zwei Momente innezuhalten und zu reflektieren. Manchmal, wenn es besonders große Löcher sind, die beinahe den Rand berühren, müssen wir weitere Touren nach unten schrauben, um der Gefahr zu entgehen, dass das Band an einer Sollbruchstelle reißt.

Ist mehr als die Hälfte des Lochs durchgewebt, können wir langsam wieder anfangen, an Tempo zu gewinnen, und unsere Erfahrungen abspeichern, wie wir uns am besten verhalten bei Löchern dieser Art und Größe. Das Innehalten und Reflektieren gibt uns Kraft und neuen Mut, das Band weiter zu weben. Weiter zu leben. Mit allen Herausforderungen.

*Man braucht nicht viel zum Leben.*
*Nur vom Wenigen das Liebste.*

# 19

## MINIMAL IS MUS(S)!

Eigentlich ist die Sache mit dem minimalistischen Lebensstil ein alter Hut. Schon vor knapp hundertneunzig Jahren schrieb der amerikanische Philosoph Ralph Emerson in seinem Buch »Nature« über die Forderung, dass Menschen ein einfaches Leben im Einklang mit der Natur führen sollten. Selbst Wirtschaftswissenschaftler unterstützen die Grundidee des Minimalismus. Der deutsche Ökonom Ernst Friedrich Schumacher plädierte bereits Anfang der Siebzigerjahre in seinem Buch »Small is beautiful« für eine Rückkehr zum menschlichen Maß, um mit minimalem Konsum maximales Glück zu erreichen. Und auch heute geistert das Konzept immer wieder und unter neuen Namen durch die Wellbeing-Trendcharts. »Simplify your life«, »nachhaltiger leben«, »Reduce to the max« – unter welchem Schlagwort auch immer der Lebensstil neu kommuniziert wird, es geht stets darum, mit weniger klarzukommen. Und um das Versprechen, ein Leben mit weniger sei auch noch besser.

Allein der Glaube daran fällt uns Konsumkasper schwer. Schließlich sind wir in materiellem Überfluss und einer Gesellschaft der Statussymbole aufgewachsen. »Mein Haus, mein Auto, meine Pferdepflegerin« – so läuft es in unserer Gesellschaft: Wir müssen zeigen, was wir haben, um zu zeigen, wer wir sind. Umso schwerer hat es dann eine Idee, die darauf abzielt, uns dazu zu bewegen, von Statussymbolen, Erinnerungsstücken, Fehlkäufen, kurz: von vielem, was wir eigentlich nicht brauchen, Abstand zu nehmen. Schlimmer noch: uns davon zu trennen. Unwiderruflich. Am allerschlimmsten: nichts Neues mehr aus reiner Lust und Laune zu kaufen, sondern nur dann, wenn es wirklich nötig ist.

Während der minimalistische Lebensstil in der Vergangenheit einen enorm schweren Stand hatte und nur vereinzelt Beachtung fand, kann man feststellen, dass in den letzten zwei, drei Jahren immer öfter das Konzept Erwähnung findet. Ja sogar praktizierende Minimalisten gibt es scheinbar immer häufiger. Zwei Gründe sind es, die bei uns Menschen langsam, aber stetig ein Umdenken fördern. Zum einen macht uns Konsum nicht mehr glücklich. Die Erklärung dafür ist simpel: Es liegt nicht am Konsum selbst. Auch nicht daran, dass es bei wachsendem ethischem und ökologischerem Bewusstsein in der Gesellschaft verpönt sein könnte, den eigenen Dauerkaufrausch zu zelebrieren. Nein, es liegt schlichtweg an uns selbst. Wir haben keine Zeit mehr für den Glücksmoment des Konsums. Der nämlich erfolgt nicht, wie wir irrtümlich glauben, in dem Augenblick, in dem wir das heiß begehrte Gut in Empfang nehmen, sondern beim Nutzen. Konsumieren bereitet uns erst dann Spaß und bringt Glückspunkte, wenn wir das Gekaufte auch austesten und gebrauchen. Dazu aber fehlt uns die Zeit. Keine Zeit, kein Glück. So verbringt ein Großteil von uns weiterhin die wenige Zeit, die wir haben, mit Shoppen, statt mit dem Nutzen des bereits Konsumierten. Wir kaufen uns unglücklich.

Der zweite Grund ist ein generativer und gesellschaftlicher. Gerade das Wertegerüst der jüngeren Menschen in unserer Gesellschaft, der Millennials, hat sich verändert. Sie sind deutlich weniger materiell interessiert als ihre Vorgängergenerationen. Während in der Generation meiner Eltern noch jeder Achtzehnjährige von einem Führerschein nebst eigenem Auto geträumt hat, steht bei den heute Achtzehnjährigen die Fahrerlaubnis ziemlich weit unten auf der Wunschliste.

Der Stellenwert von Werten verändert sich also. Und mit ihnen der Konsum. Der reine konsumorientierte Materialismus bekommt Risse. Und in diesen Fugen entsteht Platz für neue, alte Konzepte wie dem Minimalismus. Deshalb hört man mittlerweile immer öfter von ihm. Einige Soziologiewissenschaftler hingegen glauben, dass sich Menschen nur vereinzelt einem minimalistisch orientierten Lebensstil verschreiben, weil Konsumverzicht aktuell ein profilierungsfähiges, hippes Thema sei, mit dem man auf Partys gerne prahle. Ganz von der Hand zu weisen ist diese Aussage nicht, da ich selbst erfahren habe, wie hart anfänglich die Umstellung ist. Heute bin ich eine große Verfechterin dieser Lebensform und praktiziere sie leidenschaftlich. Der Weg dorthin aber war sehr lang, und eigentlich begann er mit einer vollendeten Tatsache. Und Faulheit.

Der erste Schritt in meinen minimalistischen Lebensstil geschah aus reiner Bequemlichkeit. Nachdem ich mich kilogrammtechnisch halbierte, war ich gezwungen, meinen über die Jahre üppig gewachsenen Kleiderschrank auszumisten. Wie es aber mit unliebsamen Aufgaben ist: Man schiebt sie vor sich her. An manchen Tagen fasste ich sogar den Entschluss, es endlich zu wagen, brach aber immer wieder ab, nachdem ich bereits beim zweiten Kleidungsstück nicht sicher war, ob es wirklich den Weg in die Altkleidersammlung finden sollte. Zwar war es mir mittlerweile sechs Konfektionsgrößen zu groß, aber die Erinnerungen daran waren so präsent.

Und dann, letztes Jahr im Herbst, kam der Moment. Ich stand unter enormem Zeitdruck, denn ich hatte einen wichtigen Vortragstermin vergessen. Zügig lief ich zu meinem Kleiderschrank, öffnete ihn und wollte passende Kleidung entnehmen. Wollte. Ich fand schlichtweg nichts. Und wie es bei besonders knapper Zeit ist: Ich fand noch weniger. Kurzerhand griff ich zum Telefon und rief den Veranstalter an. Ich bin immer ehrlich, so auch in diesem Fall. »Hallo, Herr D. Es tut mir leid, ich werde nicht rechtzeitig zum Termin kommen können. Lachen Sie nicht, aber ich stehe vor meinem Kleiderschrank und finde nichts zum Anziehen. Können wir meinen Vortrag um zwei Slots nach hinten ziehen? Dann habe ich Zeit, mir etwas anzuziehen?«, fragte ich geradeheraus. Schallendes Gelächter drang durch die Leitung. »Das ist jetzt nicht Ihr Ernst, oder? Sie stehen bestimmt im Stau? Kein Problem, ich organisiere das!«, sagte Herr D. und legte auf. Jetzt musste ich lachen: Die Wahrheit kann man getrost erzählen, sie glaubt einem meist niemand.

In der darauf folgenden Stunde musste mein Kleiderschrank dran glauben. Ohne jegliche Emotion, ohne Schwelgen in Nostalgie und Erinnerungen nahm ich die Vier-Mann-Zelte vom Haken: die guten in den Sammelsack, die schlechten in die Mülltonne. Eine Dreiviertelstunde später war ich eingekleidet, mein Schrank war leer, und sieben Säcke standen für die Altkleidersammlung bereit. Noch nie musste ich einen Termin verschieben, denn ich bin ein sehr pünktlicher Mensch. Niemals hätte ich mir vorstellen können, jemals umdisponieren zu müssen, weil ich nichts anzuziehen hatte. Was für ein Klischee. Und das bedient auch noch eine Textilerin.

Am nächsten Tag ging ich in meinem Laden selbst einkaufen: dreimal das gleiche Modell Schurwollrock, fünfmal dasselbe schwarze Unterziehshirt. In den darauf folgenden Tagen wurde mir bewusst, welche erste wertvolle Veränderung meine wutbasierte Schrankräumung mit sich brachte: Zeit. Unglaublich viel Zeit. Die morgendlichen sechs Minuten, die ich täglich zur Kleiderwahl benötigte, waren obsolet. Hinzukommend die zwei Minuten, die ich brauchte, um die passenden Socken oder die Strumpfhose zu finden. Und dann das Finish, die Schuhe, noch mal zwei Minuten. Die zehn gewonnenen Minuten stehen nun zum mehr Denken bereit. Optimistisch gehe ich von neunzig Jahren Lebenszeit aus. Hochgerechnet bringt diese minimale Veränderung, setzt man grundlegend acht Stunden Schlaf pro Tag an, fast ein Jahr gewonnene Lebenszeit. Übers Jahr herunterjongliert sind es fast fünf zusätzliche Tage. Und ein paar Tage mehr Freizeit kann jeder von uns hervorragend gebrauchen.

Der zweite Nebeneffekt war, dass die fünf Tage Zusatzfreizeit auch noch finanziert sind: Während ich früher zwischen zweihundert und dreihundert Euro monatlich für Kleidung, Schuhe und Accessoires ausgegeben habe, komme ich heute auf denselben Betrag in einem halben Jahr. Ich kaufe weniger, dafür etwas Gutes. Heute kann ich exakt sagen, was in meinem Kleiderschrank enthalten ist: ein zwanzig Jahre alter Blazer, ein kleines Schwarzes, drei Schurwollröcke, fünf Unterziehshirts in Schwarz, zwei Pullover, eine weiße Bluse, zwei Jeans. Dazu drei Laufshirts, eine Regenjacke, eine Windstopper-Jacke, drei Tights, Unterwäsche und Socken. Für die akribischen

Leser: Ich schlafe nackt. Ende. Mehr brauche ich nicht. Geht etwas kaputt, ersetze ich es. Und kaputt ist ein Textil erst dann, wenn aus den vielen einzelnen Löchern ein guter Putzlappen wird.

Trotz aller Euphorie rund um einen minimalistischen Lebensstil war die Umsetzung des Konzepts außerhalb meines Kleiderschranks lange ein Tabuthema für mich. Denn dort, dachte ich, lebte ich längst aufs Minimum reduziert. Den viel besagten Statussymbolen wie edlen Uhren und wertvollem Schmuck, dauernd wechselnden Homedekorationen, »Gruscht und Glump«, wie wir Bayern alles Überflüssige nennen würden, habe ich längst entsagt. Ebenso jeglichen Lustkäufen, selbst Fehlkäufen, weil ich so ungern shoppe. Außerdem war die Wohnung gerammelt voll mit all den Dingen, die sich in zwanzig Jahren Beziehung, bewegtem Leben und digitaler Entwicklung so ansammeln. Von denen niemand sich trennen wollte. Mein ehemaliger Partner genauso wenig wie ich.

Dann trennten wir uns. Er fragte mich, ob er die Möbel mitnehmen könnte, da diese so gut in sein neues Zuhause passen würden. Ich bejahte. Es war kurz vor Mitternacht des Umzugstags, als ich von einer Geschäftsreise nach Hause kam. Ich öffnete die Tür, trat in »nur noch meine« Wohnung, und mich traf der Schlag: Völlige Leere kam mir kalt entgegen. Nach dem ersten Schock überkam mich Verwunderung. »Wie groß eine Wohnung doch sein kann, wenn sie nicht bis zum Anschlag vollgestellt ist«, dachte ich mir. Die Enge, das Erdrückende, der Ballast schien aus der Wohnung entwichen. Es war Raum da. Nicht aber Platz für Neues, sondern Raum zum Atmen. Und Denken.

Aus der Verwunderung wurde am Ende endlich, was mir fehlte, um mich selbst von allen Altlasten zu befreien:

der Mut für einen radikalen Kahlschlag. Die gesamte Nacht hindurch ging ich durch alle Zimmer, stets bewaffnet mit einem Müllsack, der regelmäßig gefüllt und ausgetauscht wurde. Am Ende der großen Trennungsaktion blieben mir meine Geburtsurkunde, einige Zeugnisse und andere wichtige Unterlagen, Bücher, ein Flügel, der Fernseher, mein Sofa, ein Tablet nebst Handy, eine gut ausgestattete Einbauküche und ein noch nie gefühltes Glücksempfinden. Das war vor drei Jahren. Bis heute sind neben notwendigen Möbeln nur wenige Gegenstände hinzugekommen. Und das wird auch so bleiben. Der freie Raum mit dem klaren Einrichtungsstil, wo der Blick nicht von unzähligen Details abgelenkt wird, wurde zu meiner Keimzelle für philosophische Gedankenspaziergänge, Ideenschmiede, Visionslabor. Er gibt mir ausreichend Luft zum Atmen und viel Raum zum Denken. In dieser neuen Freiheit in vier Wänden fand ich zudem wieder Muße für längst verloren geglaubte Interessen und Hobbys: das Lesen und Schreiben, Lyrik, das Klavierspielen und das einfache Daliegen und An-die-Decke-Sehen, während ich nichts mache.

Früher bin ich dem Irrglauben aufgesessen, man bräuchte vom Wenigen nur das Beste. Mitnichten. Man braucht vom Wenigen das Liebste. Wenige Dinge, an denen das Herz wirklich hängt. Dinge, die man sorgsam pflegt und, wenn nötig, repariert. Weil sie es wert sind, wiederhergestellt zu werden. Gerade heute in der Überflussgesellschaft wird das Wegschmeißen einer Schadensbehebung vorgezogen. Weil wir keine echte emotionale Bindung zu Dingen haben. Wir erachten Sachen dann als wertvoll, wenn sie viel Geld gekostet haben. Nur selten, weil sie eine immateriell basierte emotionale Reaktion in uns hervorrufen.

Bei meiner Umstellung auf ein minimalistisches Leben als Baustein zum Glück musste ich lernen, dass das Erkennen einer echten Wertschätzung für eine Sache alles andere als einfach ist. Es ist anfänglich ein enormer innerer Kampf, sich für oder gegen ein Erinnerungsstück zu entscheiden. Im Laufe der Entrümpelungsphase aber lernt man: Die Erinnerungen selbst sind das Wertvollste. Man braucht keine materiellen Mahnungen, wenn Erinnerungen aktiv gepflegt werden. Indem man darüber spricht und sich mitteilt, verblassen sie nicht. Die materiellen Stücke hingegen mutieren zum Staubfänger, also weg damit. Das wertvollste Geschenk, das der Minimalismus als Einzugsgeschenk mitbringt, ist die bedeutsame Erkenntnis: Die wichtigsten Dinge im Leben sind keine Dinge. Es sind Menschen.

*Carpe that fucking diem!*

# 20

## GÖNN DIR HART!

Wer kennt das Gefühl nicht? Am Ende des Tages hat man alles erledigt, aber nichts erlebt. Indem wir allen Anforderungen und Erwartungen, die an uns gestellt werden, gerecht werden wollen und diese, soweit möglich, auch erfüllen, glauben wir, im Großen und Ganzen unser Leben im Griff zu haben. In Wahrheit aber hat unser Leben uns ganz schön im Griff. Durchgetaktet und verplant steuern wir Stunde um Stunde dem erfolgreichen Feierabend entgegen. Terminkalender und Mindfulnessplaner sind unsere Geiselnehmer, und wir pflegen ein liebevolles Stockholm-Syndrom zu ihnen: Wir geben unser Leben ab.

Natürlich wissen wir, dass wir nur ein Leben haben, oftmals sagen wir es uns auch, allein es fehlt uns an ernsthaftem Bewusstsein und dem »Arsch in der Hose«, das Leben zu leben, das den eigenen Vorstellungen entspricht und nicht denen unserer Eltern, Partner oder Arbeitgeber. Das Wertvollste für jeden ist aber sein eigenes Leben. Der wichtigste Mensch in diesem Leben: man selbst. Narzissten wissen gut, was das heißt. Zu gut, denn die Wertschätzung und der Respekt gegenüber sich selbst dürfen keinesfalls in krankhafte Arroganz und Selbstsüchtigkeit ausarten.

Ich hingegen zähle mich auch nach der kompletten inneren wie äußeren Häutung zum anderen Lager: den Altruisten. Mir war und ist das Wohlergehen anderer deutlich wichtiger als das eigene. Dass dauerhaft weder das eine Extrem, nämlich die ausgeprägte Selbstliebe, noch das andere – die aufopfernde Nächstenliebe – gesund ist, durfte ich am eigenen Leib mit der Vorschlaghammermethode erleben. Manchmal aber braucht es genau die Radikalität und Kompromisslosigkeit, um einen klaren Blick zu erhalten: Wer für sich selbst nicht da ist, hat auf lange Sicht nicht die Kraft, für andere eine kraftvolle Stütze zu sein.

»Sie müssen einen Gang runterschalten und ab und an einmal was für sich machen!«, sagte meine Psychotherapeutin. »Gönnen Sie sich etwas, worauf Sie Lust haben!« Die Sitzung war beendet, und ich war ziemlich überfordert mit meiner neuen Aufgabenstellung. Was soll ich denn für mich machen? Worauf könnte ich denn Lust haben? Mit meinen Gedanken kam ich nicht vom Fleck. Ich wusste schlichtweg nichts mit mir persönlich anzufangen. Ehrlich gesagt hatte ich auf nichts Lust, was nur mir guttun könnte. Oder anders formuliert: Mir fiel nichts ein.

Früher war das völlig anders. Als junges Mädchen traf ich mich oft mit Freunden zum Musizieren. Ich gab Kabarett-Auftritte auf der Kleinkunstbühne zum Besten, keine Leinwand war vor mir sicher, ich gammelte stundenlang in Cafés rum oder war beim Sport. Jede freie Minute verbrachte ich mit Aktivitäten, die mir gefielen. Im Laufe der Jahre aber verschwanden die freien Minuten. Mein Terminkalender wurde immer voller, selbst am Wochenende war er zugepackt. Irgendwann war nicht einmal mehr der morgendliche Kaffee in Ruhe drin, ich musste ihn mitnehmen – im Mehrwegbecher. Fiel ein geplanter Termin aus, fand sich sofort der nächste Lückenfüller und zerschlug das freie Fenster. So stellte sich mir über viele Jahre hinweg überhaupt nicht die Frage nach einer Freizeitbeschäftigung. Ich war immer im Dienst für andere, auf Mission für die Sache. Mein zwölfjähriger Sohn brachte meine Misere ziemlich deutlich auf den Punkt: »Mama, du bist hobbylos!«

Das war ich.

»Ich bin hobbylos«, sagte ich und saß wieder auf der Couch meiner Psychotherapeutin. »Ich finde einfach nichts, was ich für mich tun könnte.« Meine Worte trieften vor Selbstmitleid, der Puls meiner Therapeutin stieg. Sie beendete prompt die Stunde, schmiss mich fünfundzwanzig Minuten vor Ablauf der Zeit mit den Worten hinaus: »Melden Sie sich wieder, wenn Sie mit dem Jammern aufgehört und etwas Schönes für sich gefunden haben. Oder arbeiten Sie sich einfach zur nächsten Gürtelrose. Ganz wie Sie wollen!«

»Was machen Sie? Nichts. Ich lasse das Leben auf mich regnen.« Dieses Zitat von Rahel Varnhagen von Ense, gedruckt auf eine Postkarte, die mittlerweile speckig vom vielen Greifen ist und deren Ecken abgestoßen sind, begleitete mich durch meine gesamte Schulzeit. Ich trug die Karte stets in meinem Notizbuch. Als ich ein paar Tage später nach meiner frühzeitig beendeten Sitzung einige Bücher umräumte, fiel sie mir vor die Füße und erinnerte mich an früher. »Früher ging das doch auch«, dachte ich mir und schwelgte in Erinnerungen. Einmal habe ich sogar drei Tage von der Schule blaugemacht, weil ich einfach Lust hatte, nach Südtirol zu fahren und ein bisschen Sonne zu tanken. »Warum also sollte das heute nicht mehr gehen? Du bist deine eigene Chefin!«, ermutigte ich mich.

Überrascht von meinem aufkeimenden Mut, relativierte ich sofort. Kleine Schritte. Mit kleinen Schritten beginnen. Morgens in aller Ruhe meinen geliebten Kaffee genießen. Ohne Hetze, ohne Eile, ohne Druck. Das würde schon reichen. Das wäre ein Anfang. Und es wurde ein Anfang. Mein heutiges tägliches Morgenritual, bei dem ich mich von nichts und niemandem aus der Ruhe bringen lasse. Ein paar Wochen später half mir der Zufall, meine Aufgabe weiter zu erfüllen.

Über Facebook kontaktierte mich ein längst aus den Augen verlorener Freund, Matthias. Wir haben vor vielen Jahren oft gemeinsam Konzerte besucht, oder ich lauschte den Musikkünsten seiner Band. Zwanzig Jahre später gab es ein Revival: Wir besuchten wie in »guten, alten Zeiten« ein Konzert einer bayerischen Hiphop-Band. Nun gut, über Geschmack lässt sich streiten, nicht aber über das Gefühl, wenn man richtig Spaß an einem Abend hatte: Es war großartig. Und es blieb nicht bei einem Mal. Ganz langsam lernte ich, auch wieder etwas für mich zu tun. Mehr noch: Ich eroberte mir Lücke für Lücke Freizeit aus meinem proppenvollen Terminkalender zurück.

Manchmal »blockte« ich einfach ein Stündchen mit dem Titel »OH« und dem Ort »AH«. Das »AH« war das Kürzel für »außer Haus«. Das »OH« stand für »ohne Honorar« und war ein Relikt aus meiner Zeit als Mitarbeiterin bei der Zeitung. Dort gab es ebenfalls immer Meldungen, die mit (oh) gekennzeichnet wurden. Man nutzte sie als Lückenfüller, wenn die Seite noch Platz hatte für die eine oder andere Meldung.

Immer öfter wurden meine »OH«-Termine wahre »Ohhhhhh«-Erlebnisse. Es bekam mir unheimlich gut, mich semisp(oh)ntan mit Freundinnen auf einen Espresso zu treffen oder einfach mal durch den nahe gelegenen

Klosterkräutergarten zu schlendern. Stets kehrte ich voller Power zurück an den Arbeitsplatz und war verwundert, danach in kürzerer Restzeit mehr wegzuschaffen als früher. Schritt für Schritt wuchs mein Mut, mir selbst etwas zu gönnen, weil ich merkte, dass es mir guttat, meinem Umfeld und meiner Leistungsfähigkeit. Die Idee, Kollegen mit in meine Mittagspause zu nehmen oder spontan ein Eis während der Arbeitszeit essen zu gehen, hängte ich relativ schnell wieder an den Nagel. Das nämlich verlagerte nur den Arbeitsplatz, aber es blieb Arbeitszeit. Alle Gespräche drehten sich um den Job, und damit war niemandem geholfen. Gleichsam animierte ich jedoch meine Kollegen, einfach mal rauszugehen, wenn ihnen die Decke auf den Kopf fiel. Auf einen Kaffee oder einen kurzen Spaziergang …

Die kleinen Veränderungen im Alltag waren ein signifikanter Gewinn für mich, aber kritisch betrachtet blieb ich hobbylos. Eine wiederkehrende Beschäftigung als Ausgleich zum anstrengenden Arbeitsalltag wollte sich nicht finden. Oder ich wollte sie nicht finden. Keinen Sport. Niemals. Ich hatte einfach keine Lust, abends, wenn ich kraftlos nach Hause komme, mich in einer stinkigen Muckibude völlig zu entladen. Laufen war etwas für Doofe, Schwimmen überhaupt nicht mein Ding, und der Sport, den ich früher sehr gerne ausgeübt hatte, nämlich Golfen, benötigte wirklich viel zu viel Zeit.

Noch mehr Zeit braucht man für einen Ausflug ins Ausland, um sich zum Beispiel Sehenswürdigkeiten anzusehen. Weitaus komplizierter für Menschen mit vollgepacktem Terminkalender wird dies, wenn es nur kurzzeitige Events sind. Und der reinste Horror ist es, wenn man mehr als die

Hälfte der Zeit, in der das Event zu sehen ist, damit hadert, ob man sich das nun erlauben kann oder nicht. Jeden Morgen erwartete ich bereits sehnsüchtig die neuesten Bilder eines Freundes, der für den Bayerischen Rundfunk einen Bericht vom Lago d'Iseo in Italien drehte. Die Fotos zeigten die Floating Piers, die berühmte, leuchtorange Installation des Verhüllungskünstlers Christo. Zu Fuß konnte man vom Ufer des Sees über textil verkleidete Schwimmkörper, die zu einem schwimmenden Steg zusammengekettet waren, auf die Insel laufen.

»Einmal übers Wasser gehen«, dachte ich. Ich war schon einmal am Iseo-See. Vor vielen Jahren besuchte ich eine dort lebende Freundin und ihre Familie. Sowohl der Ausflug als auch die Gegend habe ich nie vergessen. »Carpe that fucking diem – ich mach das!«, entschied ich kurz vor Mittag. Ich atmete tief durch und ging zu meiner Kollegin ins Büro. So schnell es mir über die Lippen kam, sagte ich: »Miriam, sei so lieb, ich bin bis morgen Abend nicht da. Verschieb alle meine Termine, wenn jemand fragt, ich bin in Italien. Ich muss zu den Floating Piers.« Dann sah ich sie an und wartete. Miriam hingegen sah mich an. Innerlich stellte ich mich auf ein »Wie stellst du dir das eigentlich vor?« ein. Zumindest aber auf eine Antwort wie »Das fällt dir jetzt ein?«. Nichts dergleichen kam. Nur ein »Okay, kein Problem. Ich regle das«.

Sie regelte das. Und ich fuhr los. Einfach rein ins Auto. Unterwegs rief ich spontan die alte Freundin von damals an, und sie lud mich ein, bei ihr zu übernachten, bevor es am Morgen dann auf die Floating Piers gehen sollte. Aber es kam alles anders: Ihr Mann, Berufskraftfahrer und begeisterter BMW-Fan, sah mein Auto, bettelte um eine Fahrt und schlug vor, seine Frau und mich direkt am gleichen Abend noch an den See zu fahren. Dort angekommen, besorgten wir uns im Kiosk eine Flasche Wein und mussten zunächst rund zwei Stunden mitten durchs unbeleuchtete, dunkle Hinterland. Aus Sicherheitsgründen waren alle Straßen zum See gesperrt. Endlich angekommen, wurden wir für alle Mühe belohnt: Kaum ein Mensch war nachts um halb eins auf der Kunstinstallation. Der Steg gehörte nahezu uns alleine. »No bottiglie, no vino!«, hieß es vom Sicherheitspersonal. Bettina und ich sahen uns an, nickten anschließend artig dem Wachmann zu, drehten uns um und versteckten die Flasche Wein direkt unter meiner Jacke. Mit einem schelmischen Grinsen passierten wir erneut die Sicherheitskontrolle. Und genossen im Mondschein, mitten auf dem See sitzend die Ruhe des Wassers und den Geschmack des Weins.

Es war der schönste Tag in meinem Leben. In meinem neuen Leben. Weil ich einfach tat, wozu ich Lust hatte. Etwas völlig Verrücktes. Weil ich das Leben auf mich regnen ließ und jeden Tropfen genoss. Weil ich es wieder tun werde. Weil die Welt nicht unterging. Sie wäre nur ärmer geworden, wenn ich es nicht gemacht hätte. Für mich.

*Ich muss nur einem Menschen gefallen:*
*mir selbst.*

# 21

## EINEN SCHEISS MUSS ICH!

Ich war nie eine begeisterte Feministin, weil ich weder im privaten noch im beruflichen Leben zwischen Mann und Frau unterschied. Mensch ist Mensch. Und der kann entweder etwas oder eben nicht. Im Laufe der Jahre hat sich dies deutlich verändert, vielleicht auch, weil ich mich deutlich verändert habe. Weil ich mich nun kenne und stark genug bin, mit gesellschaftlichen Konventionen zu brechen. Damit meine ich nicht die Kinderstube (soziales Miteinander oder Benehmen), sondern fast schon tradierte Regeln, die bis heute gelebt werden. Sie sind aber nicht mehr zeitgemäß. Und meist betreffen sie uns Frauen. Leider.

Wer sich in einer sehr traditionellen Branche wie die des Textils aufhält, hat manchmal das Gefühl, die Zeit ist, wenn es um Geschäftsgebaren geht, irgendwann vor hundert Jahren stehen geblieben. Es gibt so viel mehr Designer wie Designerinnen. Die eigentliche Arbeit anschließend, das Fertigen, geschieht wiederum nahezu ausschließlich durch Frauen. Geht man einen Schritt in der Wertschöpfung zurück, nämlich zu den Herstellern von Gestricken und Geweben, finden sich so gut wie keine Frauen in der Geschäftsführung. Zumindest ist mir nach sieben Jahren textile Wertschöpfung in Deutschland außer mir noch keine begegnet. Dafür unzählige Nieten in Nadelsteifen. An eine erinnere ich mich besonders gerne.

In der Welt dieses Herrn kam es nicht vor, dass eine gerade einmal dreißigjährige junge Frau ein mittelständisches Textilunternehmen in beispielloser Geschwindigkeit aus dem Boden stampft. Dummerweise war er der Geschäftsführer der ersten Weberei, mit der ich zusammenarbeitete. Monatelang lieferte er mir minderwertige Qualität. Unzählige Male suchte ich das Gespräch. »Sie müssen besser arbeiten. Die Färbung muss homogener sein, sonst sehe ich einer langfristigen Zusammenarbeit kritisch gegenüber!«, sagte ich. »Was wollen Sie damit sagen?«, fragte mich der Geschäftsführer immer wieder. »Ganz einfach: Wenn ihr noch mal Scheiße liefert, such ich mir einen anderen!« Anstelle Besserung zu geloben, antwortete mir dieser aufgeblasene Schnösel: »Sie erlauben sich, so mit mir zu reden?« »Ja«, sagte ich. »Sie erlauben sich schließlich auch, mir dauernd palettierte Makulatur auf den Hof zu karren!«

Er nahm mich nicht ernst. Weder in dem Gespräch noch als ich ernsthaft die Geschäftsbeziehung aufkündigte und die Weberei wechselte. Kurz nach dem Wechsel klingelte das Telefon bei meinem damaligen Mann Stefan. Am anderen Ende der Leitung war der Geschäftsführer der Weberei. Er bat Stefan, seine Frau doch »zurückzupfeifen, denn so macht Geschäftemachen keinen Spaß. Das muss man einfach unter Männern regeln!« Stefan informierte den Geschäftsführer, dass manomama die Firma seiner Frau sei, und legte grinsend auf. Anschließend berichtete er mir über das für ihn amüsante Gespräch. Ich hingegen empfand es als eine Rotzfrechheit. Bis heute erhalte ich von dieser Weberei Bettelmails mit Betreffzeilen wie »Statt den Gang nach Canossa würden wir auch den Weg nach Augsburg nehmen«, aber dafür ist es zu spät.

Nach wie vor gibt es zu viele Männer, die glauben, von Geburt an den Vorsprung gepachtet zu haben und das Recht sowieso. Sie glauben, die besseren Chefs zu sein, das stärkere Geschlecht, die tolleren Hechte. Der Grund dafür ist meines Erachtens nicht nur, dass Frauen und Männer anders agieren und managen, handeln und führen, wir geben uns bereits unterschiedlich. Frauen sind authentischer. Und Frauen, die sich selbst richtig kennen, spielen das Spiel nicht mehr mit. Wir brauchen keinen maßgeschneiderten Zwirn und das dicke Auto mit dem Stern, um einen Chef zu verkörpern. Oder einen Preisträger.

Dies ist mir unlängst passiert, als mir ein renommiertes Wirtschaftsmagazin im Rahmen von vierhundert geladenen Unternehmern, allesamt in Anzug und Krawatte, einen Wirtschaftspreis überreicht hat. Der Veranstalter trat auf mich zu. Ich war übrigens gekleidet in Rock, Turnschuhen und einem legeren, aber nicht schlampigen Blazer. Dann fragte er: »Können Sie mir bitte sagen, wann Frau Trinkwalder kommt? Sie sind sicherlich ihre Assistentin.« Erst blickte ich ihn kurz verwundert an. Dann sagte ich: »Moment!«, drehte mich einmal um die eigene Achse, nahm die Hände nach oben uns sagte: »Voilà, hier bin ich!« Peinlich berührt entschuldigte sich der Veranstalter und blickte dabei auf meine Kleidung. Ich grinste. »Denken Sie sich nichts, passiert mir öfter. Und ich verrate Ihnen noch etwas«, sagte ich und blickte diesmal auf seine Bekleidung, »immer öfter arbeiten Männer in Maßanzügen für Mädchen in Turnschuhen.«

Das Durchbrechen der Männerdomäne und die damit verbundenen Oberflächlichkeiten ist nur eine gesellschaftliche Konvention, die verändert werden muss. Auch im privaten Leben warten täglich Konventionen, die endlich abgelegt werden wollen. Interessanterweise betreffen die weitaus weniger den Geschlechterkampf. Wieso muss die Rechnung immer der Herr zahlen? Warum ist es völlig normal als Mann, eine fünfundzwanzig Jahre jüngere Frau zu haben, umgekehrt hingegen reichen sieben Jahre Altersunterschied aus, um das gesamte Umfeld zu schockieren? Wieso erhält man als Frau von allen Seiten böse Blicke, wenn man zugibt, nicht gestillt zu haben, und warum kratzt man uns schier die Augen aus, wenn wir ehrlich artikulieren, dass Kind und Karriere gleichsam wichtig sind?

Woher ich das alles weiß? Weil ich es erlebt habe. Um Rechnungen prügelte ich mich regelrecht, weil ich es nicht richtig finde, sich nicht abzuwechseln. Mein Partner ist sieben Jahre jünger, aber klüger und erfahrener als manch ein Fünfzigjähriger, der sich genau darüber das Maul zerreißt. Mein Sohn hat sich auch ohne Muttermilch prächtig entwickelt, und dank der Kind-Karriere-Einstellung ist er selbstständig, aufgeschlossen für Neues und mutig. Wo also liegt das Problem?

Ganz einfach: Es ist nicht so wie immer. Man ist anderes gewohnt. Bricht man mit gesellschaftlichen Konventionen und hält den Bruch nicht hinter verschlossener Tür, braucht man einen breiten Rücken und starke Nerven. Das Ablegen dieser zwanghaft auferlegten Regeln lässt sich jedoch nicht vermeiden, wenn man sich auf den Weg macht, bei sich selbst anzukommen. Dann nämlich wird man merken, dass es Konventionen gibt, die schlichtweg nicht zu einem passen. Wer nach dieser Erkenntnis weiterhin im engen Regelkorsett der Gesellschaft lebt, wird daran zugrunde gehen. Die Alternative: Scheiß drauf!

Ich durfte mir schon oft anhören, dass ich weder eine typische Unternehmerin sei noch eine gute Mutter. Die

Frage aber ist doch: Wollen wir sein, was die Gesellschaft von uns erwartet? Ist es unsere Aufgabe, das Bild einer gesellschaftlichen Konvention zu erfüllen? Ich will gar keine typische Unternehmerin sein, sondern eine gute. Und solange meine Ladies und meine Bilanzen in gleichem Maße dieser Meinung sind, bin ich zufrieden. Ebenso wenig möchte ich eine gute Mutter sein. Ich will die beste sein. Und solange mein Sohn dieser Meinung ist, ist doch alles in Butter.

Wer gesellschaftliche Konventionen wider Willen befolgt, möchte nur gefallen. Den anderen. Wir müssen das aber nicht. Wir sind nicht auf der Welt, um anderen zu gefallen, sondern in erster Linie, um Gefallen an uns selbst zu finden. Und dafür braucht es Authentizität. Diese wiederum beginnt, wenn man das Spiel der Konventionen nicht mehr mitspielt, sondern seinen eigenen Weg geht und auf das Geschwätz nichts mehr gibt. Denn: Man kann es nie allen recht machen. Besser noch: manchmal niemandem, außer sich selbst.

Dieses Paradox erlebte ich, als ich schon deutlich Gewicht verloren hatte. Auf einmal wurden, gerade in den sozialen Netzwerken, die Dicken meine neuen Feinde. »Dreckige Verräterin« war noch eine der harmloseren Diffamierungen, denn, so schien es, ihr dickes Vorbild hat sich verdünnisiert. Ich hingegen war ziemlich schockiert, dass man mir mein gesamtes Engagement, mein Wertgerüst und meine Arbeit mit den fehlenden Kilos gleichsam abgesprochen hat. »Wieso konntest du nicht so bleiben, wie du warst?«, wurde mir oft vorgeworfen. In gleichem Atemzug fielen Worte wie Modediktat, Zwangshungern und persönliche Schwäche, weil ich dem »gesellschaftlichen Zwang einer guten Figur« nachgegeben hätte. Jeder Versuch, den Meckerliesen zu vermitteln, dass meine körperliche Veränderung etwas damit zu tun hat, dass ich mich nun besser fühlte, wurde noch vehementer niedergeschrien. Und irgendwann gab ich das Antworten auf. Schließlich hatte ich keine Lust, meine durch einen schlankeren Körper neu gewonnene Energie in schwergewichtigen Diskussionen mit intoleranten Menschen zu versenken. Denn: Ich muss das nicht. Einen Scheiß muss ich.

*Wer sich nur auf das Ziel konzentriert,*
*verliert den Weg aus den Augen.*

# 22

## RICHTUNG REICHT!

Sind wir mal ehrlich: Wann hat jemals etwas nach Plan funktioniert? Eben. Umso mehr wundere ich mich, wie viel Zeit täglich in diese unnützen Strukturen und Szenariensimulationen gehen. Businesspläne zum Beispiel. Das ist doch alles Reißbrettscheiße. Gerade bei diesen ist Papier mehr als geduldig, und darauf wird geschrieben, was der Venture Capitalist oder Business Angel hören möchte. Dieser möchte großes Wachstumspotenzial, hohe Rendite und einen schnellen Exit zu Ohren und vor Augen bekommen. Nun gut, dann schreiben wir das hin.

Banker oder Arbeitsamtmitarbeiter (die nun ja Kundenberater heißen!), zuständig für Existenzgründer, wollen nicht einmal Konkretes hören, sie brauchen nur ein paar Seiten mit einem Deckblatt namens »Businessplan«. So steht das in den Regeln des Gründungszuschussverfahrens. Ich kenne keinen einzigen Unternehmer, der seinem Businessplan gerecht wurde. Nur wenige lagen ein bisschen über dem Plan, die meisten sahen nicht einmal die Rücklichter ihres selbst prognostizierten Erfolgszugs durch die Ökonomie. Der Businessplan wird dann übrigens nach Gründung ersetzt durch unzählige Forecast-Tabellen, Vertriebs-Szenarien, Controlling-Excelwahn und, und, und.

Nimmt man ein mittelständisches Industrieunternehmen, war die Verteilung von produzierenden und verwaltenden Arbeitsplätzen innerhalb des Unternehmens vor fünfzig Jahren noch siebzig zu dreißig Prozent. Heute hat sich diese Verteilung fast umgedreht. Wir controllen mehr Produkte, als wir fertigen. Wir produzieren mehr heiße Luft, als dass wir ernsthaft Produkte wertschöpfen. Warum wir so sehr mit Plänen, Zielsetzungsformulierungen, Statistiken und dem numerischen Kontrollieren beschäftigt sind, hat im Geschäftsleben einen einfachen Grund: weil wir es nicht anders gelehrt bekommen.

Schon im Betriebswirtschaftsstudium werden jedem angehenden Ökonomen Mut und Menschenverstand, also das notwendige Rüstzeug, das später für eine Firma oder im eigenen Unternehmertum wirklich wertvoll ist, abtrainiert. Stattdessen werden Formeln und Funktionen gelehrt, Strukturen und Szenarien, Analysen und Arbeitszieldefinitionen gepaukt, bis das Resthirn von selbst aufgibt. Wie also soll dann der Mensch, der Bauchgefühl gegen einen BWL-Bachelor eingetauscht hat, Sicherheit im Handeln bekommen? Richtig, mit Papier und Plänen.

Darüber hinaus benötigen wir gerade im Geschäftsleben gemäß der allseits bekannten »Save my ass-«Strategie einen Schuldigen. Und dumm wäre, selbst derjenige zu sein. Nicht sehr kollegial: die Schuld dem Teampartner in die Schublade zu schieben. So bleibt die Flucht in Zahlen und Pläne. »Richtig ist, dass das nicht funktioniert hat. Es hätte aber funktionieren müssen! Schließlich war der Forecast direkt auf den Ergebnissen und Zahlen der Analyse aufgebaut!« Der Versager des Projekts wird versachlicht. Eine feine Sache für den eigentlich Schuldigen. Nämlich die Verantwortlichen, die lieber Excel schubsen, als ihr gut ausgebildetes und durchaus funktionsfähiges Hirn einzuschalten.

Auch im Privaten ist es immer mehr zum Trend geworden, das Leben durchzutakten und zu planen. Es vergeht kein Tag mehr ohne To-do-Liste, oh Wunder(list)! Die ganze Woche über erhält die Mindfulness einen guten Plan und bekommt Klarheit dank des Achtsamkeitsplaners. Diese Planungswut im Persönlichen dient nicht der »Save my ass«-Strategie, sondern dem »Optimize myself«-Bestreben. Um noch leistungsfähiger zu werden, noch mehr Ziele besser zu erreichen, noch schöner, toller, ausgeglichener, harmonischer, achtsamer, ausbalancierter, wasweißichwas zu sein, wird Papier produziert, bis es keinen Wald mehr gibt.

»Life is what happens to you while you are busy making other plans«, sagte einst John Lennon. Und er lag völlig richtig damit: Das Leben ist, was dir passiert, während du damit beschäftigt bist, andere Pläne zu machen.

Ich selbst hatte nie Pläne. Und keine Ziele. Von frühester Jugend an hatte ich einfach keine Zeit für Pläne. Ereignisse musste ich, allein auf mich gestellt, nehmen, wie sie kamen, und das Beste daraus machen. Wie viel Zeit wäre verloren gegangen, wenn ich vor jeder Entscheidung und Weichenstellung zunächst einen Plan angefertigt hätte? Oder schlimmer noch: einen Businessplan? Ich bin mir sicher: Ich hätte manomama nie gegründet, hätte ich zuvor einen Businessplan geschrieben. Dann nämlich wäre mir schwarz auf weiß zumindest die Wahnsinnigkeit des Unterfangens aufgefallen. Mit gering- beziehungsweise unqualifizierten Menschen, die im ersten und zweiten Arbeitsleben keine Chance mehr haben, in einer mittlerweile in Europa toten Branche zum Ende der Finanzkrise einen mittelständischen Industriebetrieb auf die Beine zu stellen? Alles klar. Hätte ich anschließend in meinen Fünf-Jahres-Plan noch ein jährliches Wachstum von dreihundert Prozent bei hundertprozentiger Eigenkapitalquote eingetragen, wäre ich wohl selbst dem Glauben verfallen, ich würde spinnen.

Gerade weil ich keinen Plan gemacht und mir keine Ziele gesteckt habe, spinne ich heute. Und stricke. Webe und nähe. Mit hundertfünfzig Menschen. Allesamt unbefristet angestellt und mit einem Einkommen, mit dem man auskommen kann. Unter Mindestlohn zu bezahlen war seit Gründung nie ein Thema für uns. Selbst nach sieben Jahren haben wir keinen einzigen Cent Schulden und sind niemandem etwas schuldig: Subventionen und mittelständische Fördermittel bekamen wir einst nicht, heute brauchen wir sie nicht. Es ist ein unmöglich klingendes Wirtschaftsmärchen, das Realität geworden ist. So etwas kann man nicht planen. So etwas muss man einfach beginnen, während man unerschütterlich an die Idee glaubt und sich bereitwillig den Arsch aufreißt, um die Idee Wirklichkeit werden zu lassen.

Oft bekomme ich zu hören, dass man mit dem notwendigen Startkapital alles machen kann. Das ist richtig. Für meine erste Soloselbstständigkeit erschrieb ich mir mein erstes Kapital bei der *Augsburger Allgemeinen Zeitung,* mühsam mit Zeilenpfennig und Fotopauschalen. Das zweite Unternehmen, die Werbeagentur, finanzierte ich aus Erträgen des ersten. Dann kam manomama. Gleiches Spiel. Und 2017 gründete ich weitere drei Firmen. Ohne Fremdkapital.

Alle Unternehmungen sind im traditionellen Sinne des Wortes erfolgreich, einige auch sehr gemeinwohlorientiert und sozial. Das kann man nicht planen. Muss man auch nicht. Man muss es nur machen. Einfach loslegen und nicht zögern. Während die anderen noch am Reißbrett fleißig Striche ziehen und Kegel malen, baut der Plan- und Ziellose bereits engagiert im Jetzt an der Richtung Zukunft. Er handelt nach meiner Definition unternehmerisch. Hierfür braucht es nämlich weder detaillierte Pläne noch ausgefeilte Ziele, allein die Richtung muss von vornherein klar sein. Hinzu kommt der feste Glaube an sich selbst und an die unternehmerische Idee. Über jeden noch so kleinen Schritt in die richtige Richtung darf und muss man sich freuen, denn sie gibt Motivation für die nächsten Streckenmeter. Aus jedem Rückschlag und Stein des Weges hingegen muss man lernen. Muss. Und wird lernen. Ich habe die Erfahrung gemacht, dass trotz aller Fortschritte und Hürden ein zielloses, richtungsweisendes Gehen des unternehmerischen Wegs leichter und schneller, am Ende sogar erfolgreicher ist. Meilensteine wie »In einem Jahr möchte ich zehn Mitarbeiter beschäftigen« oder »angepeiltes Umsatzplus pro Quartal sind fünfundzwanzig Prozent« sind keine Ziele, sondern eine Belastung. Sie werden regelrecht zur Hand- und Hirnbremse und lähmen alle, die verantwortlich für das Erreichen der Meilensteine sind. Diese »Ziele« sind der Beginn einer gefährlichen Spirale: Sie schaffen nur Druck. Druck schafft Unsicherheit. Schwindende oder nicht vorhandene Sicherheit wiederum ist ein hervorragender Nährboden für Angst. Und Angst ist ein schlechter Berater und ein noch miserablerer Motivator. Am Ende warten blinder Aktionismus oder die Schockstarre, völlig demotivierte Mitarbeiter und maßlos enttäuschte Vorgesetzte.

Im persönlichen Bereich verhält es sich mit Zielen und Vorgaben übrigens genau gleich, nur das Ende der Spirale gestaltet sich etwas anders. »In fünf Wochen will ich fünf Kilo abnehmen!« – ein Ziel, das sich bestimmt jeder von uns in dieser oder in einer ähnlichen Form bereits gesetzt hat. Allein die Formulierung des Ziels schraubt unsere Laune bereits kurz nach der Entscheidungseuphorie etwas herunter und das Verlangen nach Essbarem nach oben.

Die Blicke zum Kühlschrank häufen sich, und das Einkaufen im Supermarkt wird immer lästiger und schürt den eigenen Frust, weil »Sahnejoghurt? Darf ich nicht!«, »High-Carb Pasta? Darf ich nicht!«, »Schokolade? Bist du wahnsinnig!«.

Die Schlauen brechen nach kurzer Zeit ab und haben nicht viel an Gewicht, dafür weniger an qualitativer Lebenszeit verloren. Irgendwann kümmern sie sich um die Ursache der fünf Kilo Übergewicht und der Ballast wird von alleine purzeln. Ohne Ziele und Vorgaben. Die Verbissenen jedoch quälen sich durch ihren Fünf-Wochen-Diätmarathon hindurch und können spätestens in Woche drei sich und ihr Umfeld sie nicht mehr ertragen. Die fünf Kilo mühsam heruntergehungert und den unerträglichen Druck der Zielerreichung ausgehalten, muss eine Belohnung her – und der Kühlschrank wird geplündert. Hallo, Jo-Jo-Effekt.

Oftmals erreichen wir privat Ziele eher. Vielleicht, weil sie meist von uns alleine gesetzt und angestrebt werden und nicht, wie im Arbeitsleben, eine Teamleistung sein sollen. Genauso oft, wie wir die Ziele jedoch erreichen, kehrt unser Verhalten ins Gegenteil. Der erwähnte Jo-Jo-Effekt ist in meinen Augen ein gutes Beispiel. Sport ist ebenfalls ein passendes Stichwort meiner Erfahrung nach. Statt einfach zu einem Zeitpunkt einer Aktivität nachzugehen, wann wir Lust und Laune verspüren (und das Lustige ist ja, dass mit jedem Mal an sportlicher Betätigung diese in kürzeren Abständen aufkommt, gesetzt den Fall, man hat den für sich richtigen Sport gefunden), setzen wir uns vor Beginn bereits klare Ziele, die in aller Begeisterung für den Entschluss selbst viel zu hoch gesteckt sind. Wir beginnen stark und lassen ebenso kräftig nach. Es folgt das »nicht schon wieder!«, und endet beim »nie wieder!«.

All diese Erfahrungen durfte ich entweder bei mir selbst oder zusammen mit meinen Mitarbeitern erleben. Bis ich privat wie geschäftlich Ziele und Pläne an den Nagel hängte. Seitdem habe ich enorm viel geleistet und erreicht. Viel mehr als zu Zeiten, in denen ich mir einen Plan zurechtgelegt hatte. Häufig werde ich gefragt, wie ich schaffen würde, was ich mir vorgenommen habe. Besonders oft übrigens, wenn es um die Halbierung meiner Kilos oder der wohl erfolgreichsten Gründung eines mittelständischen Social Business in Deutschland geht. Meine Antwort war und ist jedes Mal: »Ich schaffe es, weil ich mir nichts vornehme!« Das ganze Geheimnis ist einfach, und jeder kann es: Ich glaube an das, was ich als Vision in mir trage, und verfolge es. Ohne Druck. Ich beginne einfach, den Weg zu gehen, und freue mich über jede positive Entwicklung, die die Strecke bringt. Ich halte langsames Tempo aus und schnelles durch. Ich mache einen Schritt nach dem anderen. Mehr nicht.

Es gibt aber einen Kardinalfehler, den man tunlichst vermeiden sollte: reden. Vor allem über etwas, von dem man keine Ahnung hat oder das man noch nie gemacht hat. Letzteres fällt mir in letzter Zeit gehäuft auf, wenn ich an Universitäten bin oder (leider ist das so!) in Berlin im Start-up-Dunst. Gerade junge Gründer, die mit Investorenkapital vollgepumpt wurden, erzählen teilweise derart hanebüchene Geschichten, bei denen sich jedem erfahrenen Unternehmer die Nackenhaare sträuben. Meine übrigens sind lang!

Auch durfte ich schon des Öfteren erleben, dass genau jene die alten Hasen in der Ökonomie, und darunter erlaube ich mir, mich nach fünfundzwanzig Jahren Selbstständigkeit ebenfalls zu zählen, belehren, wo der wirkliche Hase langgeht. Damit meine ich nicht das jugendlich fortschrittliche Denken, sondern eine gewisse Überheblichkeit, die mit der Höhe der externen Finanzspritze exponentiell zu wachsen scheint, gepaart mit dem Irrglauben, dass drei Semester Wirtschaftsinformatik denselben Erfahrungsschatz wie zehn Jahre Selbstständigkeit bergen.

Dasselbe Gefühl beschleicht mich auch, wenn ich manchmal Coaches und Trainer höre, die garantierte Erfolgslösungen anpreisen für Probleme, mit denen sie niemals in der Realität konfrontiert wurden. In einer solchen Situation erinnere ich mich oft an einen sehr erfolgreichen Vorstand eines großen, traditionellen Familienunternehmens, für den ich jahrelang als Werberin arbeiten durfte. Auf den Vorschlag seiner Bereichsvorstände, es doch vielleicht einmal mit Business Consultants zu versuchen, sagte er immer: »Hören Sie mir damit auf! Die sind wie Vierzehnjährige vorm Puff! Theoretisch wissen die, wie es geht, aber praktisch haben sie es noch nie gemacht!« Seit ich diesen Ausspruch zum ersten Mal gehört habe, ich war vielleicht vierundzwanzig Jahre alt, steht er auf einem imaginären Post-it in meinem Hirn: Erst machen, dann reden. Und so halte ich es bis heute. Wer nämlich viel redet, kommt nicht zum Machen. Umgekehrt hingegen erfährt man berechtigterweise ein hohes Maß an Glaubwürdigkeit, wenn man über etwas spricht, was man vorher bereits gemacht und bewiesen hat. Dann nämlich erzählt man keine Geschichten, sondern berichtet von Erfahrungen. Und das ist für jeden Zuhörer wertvoll.

*Nicht Arbeit oder Leben,*
*sondern Arbeit und Leben!*

# 23

## WORK-LAUF-BALANCE

Work-Life-Balance. Ein Unwort. Für mich das Unwort dieses Jahres, und des letzten, und des Jahres davor. Wenn man sich nämlich umsieht und die suchenden Jünger der Work-Life-Balance genauer unter die Lupe nimmt, ist das Finden der perfekten Harmonie zwischen Arbeitsleben und privater Zeit regelrecht zur Sucht geworden. Mehr noch: Es wird glorifiziert wie eine Religion, und selbst der Staat möchte mit Gesetzen mehr in die Richtung Work-Life-Balance, nämlich strikter Arbeitnehmerschutz nach Feierabend, gestalten.

In meinen Augen ist dieses Konzept nichts anderes als eine Droge für das arbeitende Volk, die bunte Bilder, gute Laune und maßlose Erholung erst nach Feierabend suggeriert. Gleichzeitig wird die Arbeit damit an sich verteufelt. Und das ist Bullshit. Arbeit ist wichtig. Mehr noch: In einer Leistungsgesellschaft wie der unseren ist sie existenziell. Sowohl in materieller Hinsicht als auch, und das darf man nie vergessen, auf psychologischer Ebene. Wissenschaftler haben in unzähligen Analysen und Studien bewiesen, was meine Ladies leider am eigenen Leib erleben mussten: Arbeitslosigkeit macht krank. Seelisch wie physisch. Wieso also dämonisieren wir freiwillig Arbeit? Wieso reden wir das Arbeiten schlecht?

Jeder von uns hatte bereits Jobs, die mies bezahlt waren oder keinen Spaß bereiteten, aber wir haben sie gemacht, weil sie besser waren als die Erwerbslosigkeit. Keine Arbeit zu haben ähnelt dem Tod. Diese Erfahrung habe ich nie selbst erleben müssen, aber dieser »Tod« wurde mir von vielen meiner Kolleginnen geschildert. Wenn ich meine Aufgaben als Geschäftsführerin eines mittelständischen Unternehmens betrachte, macht mir mein Beruf zu mindestens fünfzig Prozent keinen Spaß. Es ist trockene Administration und haufenweise Papier, obwohl ich viel lieber mit Menschen arbeite oder an neuen Produkten tüftle. Nur: Es muss nun einmal gemacht werden. Für die Menschen, die bei mir arbeiten. Also mache ich das, weil es meine Aufgabe ist. Dafür freue ich mich über die andere Hälfte meiner Arbeitszeit umso mehr, weil sie dem entspricht, was ich mir wünsche: denken, ausprobieren, mit meinem Team zusammen neue Dinge entwickeln und kommunizieren. All das ist doch Zeit, die wir in unserem Leben verbringen, die Freude macht. Wieso also eine »Arbeit-Leben-Balance« finden? Es liegt an uns selbst, ob wir abends um elf Uhr noch E-Mails checken, es ist unsere Entscheidung, ob wir samstags ins Büro dackeln, kurz: Den Zwang, dies unbedingt tun zu müssen, erlegen wir uns in erster Linie selbst auf.

»Das stimmt überhaupt nicht«, sagte eine Bekannte, als wir über dieses heikle Thema sprachen. Sie jammerte immer wieder über Wochenendarbeit, Nachtschichten im Büro und dauernde Erreichbarkeitserwartungen ihrer Vorgesetzten und »Ebenenkollegen«. »Hanna«, antwortete ich ihr. »Du bist Bereichsvorständin eines Konzerns. Du arbeitest seit siebzehn Jahren in dem Laden und hast dich hochgearbeitet, um nun dort zu sein, wo du bist. Du kanntest die Bedingungen. Dafür verdienst du, lass mich überschlagen, ungefähr fünfmal so viel wie ich als Geschäftsführerin. Übrigens bei gleicher Zeit, die wir mit unserer Arbeit verbringen!« »Das ist schon richtig«, sagte sie. »Aber es ist einfach zu viel! Ich arbeite nur und hab nichts vom Leben!« »Ich mach dir einen Vorschlag: Wenn es dir nicht passt, dann gib doch die Hälfte deines Jahresgehalts ab und mach aus deinem Posten zwei. Du bist Chef, du kannst das. Dann hast du sofort eine Vierzig-Stunden-Woche und immer noch ein fürstliches Salär für deine Freizeit!«, schlug ich ihr vor. »Bist du blöd?«, patzte sie zurück. »Weißt du, wie lange ich auf den Posten hingearbeitet habe?« »Ja, aber dann meckere nicht!«

Die perfekte Mischung aus Arbeit und Freizeit zu erreichen ist der Wunsch von vielen. Meiner Erfahrung nach gerade in Berufen, die zweifelsohne eine deutlich erhöhte Arbeitsdichte, aber dafür auch enorme monetäre Bezüge mit sich bringen. Anstelle also die Arbeitszeit mit positiven Momenten anzureichern, wird verzweifelt der ach so notwendige, zwanghafte Ausgleich gesucht. Ich habe damit aufgehört, täglich nach der perfekten Balance zu suchen. Es bringt nämlich nichts, zwanghaft um vier Uhr nachmittags den besagten Bleistift fallen zu lassen. Die Idee der Work-Life-Balance flog bei mir mit dem Neusortieren und Entdecken meiner selbst über Bord, denn ich brauchte sie nicht mehr. Mein morgendlicher Kaffee mit meinen Büroladies schmeckt mir ebenso gut wie die private Solo-Tasse auf der Terrasse zu Hause. Die kleinen Auszeiten zwischendurch, die ich mir eingerichtet habe, geben mir den ganzen Tag über gute Laune. Meine Nachtschichten, die ich »Nahtschichten« nenne, weil ich dort meist alleine in der Näherei sitze und an neuen Produkten tüftle, werden oft besucht von Freunden. Während ich am Basteln bin, erhalte ich den neuesten Klatsch und Tratsch aus dem Freundeskreis. Das Feierabendbier dazu schmeckt in der Produktionshalle ebenso wie an der Bar. Nebenbei haben meine Besucher manchmal sogar richtig gute Ideen beim Produktentwickeln, weil sie nicht aus der Branche kommen. Sie freuen sich dann über ihre Kreativität und ich mich über eine Lösung, auf die ich vielleicht nicht gekommen wäre.

Verknüpft man Arbeit nicht permanent mit einer negativen Grundeinstellung ihr gegenüber und Freizeit als höchstes anzustrebendes Gut, sondern verbindet auf ungezwungene Weise beides miteinander, gewinnt man viel mehr als durch den täglichen Kampf für mehr Balance zwischen Arbeit und Leben. Das nämlich kostet nur Kraft und birgt Frust und Enttäuschung. Es geht nicht um kürzere Arbeitszeiten. Es geht letzten Endes um die Sehnsucht nach der Zufriedenheit auch während der Arbeitszeit. Nebenbei bemerkt: Die Bezeichnung »Work-Life-Balance« stellt Arbeit bereits auf den negativen Posten. Es sollte, wenn überhaupt »Work-Leisure-Balance« heißen. Am besten aber, man streicht das Wording nebst dahinterstehendem Konzept konsequent aus dem Kopf. Dann vielleicht passiert etwas so Wertvolles, wie es mir passierte, als ich aufhörte, nach der richtigen Balance zu suchen. Die Arbeit nämlich veränderte alles: Sie hat mir Leben geschenkt. Das richtige Leben.

»Ich werde noch wahnsinnig!«, sagte Miriam, meine Kollegin, zu mir. »Wir müssen ja eine Halle abgeben, und mit ihr fallen auch dreißig Parkplätze. Aber niemand von den Ladies will auf das Auto verzichten. Nicht einmal die, die fünfhundert Meter vom Büro entfernt wohnen!« Irgendwie konnte ich meine Ladies verstehen und dann auch wieder nicht. Verständnis brachte ich dafür auf, dass ein Auto für meine Kolleginnen weit mehr ist als ein Fahrzeug. Es ist ein Statussymbol. Nicht aber, wie es im gewöhnlichen Sinne dazu benutzt wird, um zu zeigen, wie erfolgreich man ist. Zwar gibt es einige bei uns, die auch einen größeren Mittelklassewagen fahren, die meisten Ladies aber haben kleine Wagen. Für sie ist ein Auto kein Statussymbol, um »anzugeben«, sondern um aufmerksam zu machen. Mit dem Auto vor der hauseigenen Tür zeigen sie der Nachbarschaft, dass sie wieder in die Arbeit fahren können. Und das tun sie. Sie zeigen ihre Teilnahme an der Arbeitswelt. Nach jahrelanger Erwerbslosigkeit ein sehr wichtiges Symbol also. Dafür hatte ich Verständnis, nicht aber für einige unter ihnen, die weder beim firmeneigenen Sport teilnahmen und sich sonst auch nicht bewegten, dafür gerne mit Abwesenheiten durch Kuren und gewichtsbedingter Krankheit glänzten.

Just bei dem Gedanken ging ich mit mir selbst ins Gericht. »Wie kannst du nur so fies denken«, warf ich mir vor. Ich ertappte mich, sehr kritisch gegenüber meinen schwer übergewichtigen Kolleginnen zu sein. »Nur, weil du jetzt deinen Ballast ziemlich runter hast, darfst du nicht so urteilen!«, ermahnte ich mich. Auch sah ich ein, dass ich in meinem Figurstadium mit einem BMI jenseits der dreißig, sprich fettleibig, auch keinen Schritt zu viel getan hatte und ebenso bewegungsfaul war. Komplett. Außer einem gelegentlichen klitzekleinen Spaziergang stand nichts auf meinem Fitnessplan.

Wozu auch? Mir tat nie etwas großartig weh. Als Normalgewichtige hatte ich ebenso keine Gesundheitsprobleme. Darüber hinaus verabscheute ich das Gehen. Abgrundtief. Jeder Meter, den ich mich auf Beinen fortbewegte, war einer zu viel. Joggen? Völlig blödsinniger Sport: für Menschen mit zu wenig Arbeit. Schwitzendes Umherlaufen war schließlich kein Ausgleich zur Arbeit. Der Ausgleich zu einer Anstrengung muss doch Ausruhen sein und nicht erneute Anstrengung!

Als Unternehmerin und Führungskraft verfechte ich drei Maximen: »Was du nicht willst, das man dir tu …« ist die erste. »Wie man in den Wald hineinruft, so kommt es zurück!«, die zweite. Die dritte: »Immer mit gutem Beispiel vorangehen.« Gehen. So entschied ich aller Verachtung zum Trotz, meinen Parkplatz aufzugeben, obwohl ich eine derjenigen war, die von den Augsburgern am weitesten entfernt wohnten: über fünf Kilometer. Anschließend ging ich zu meinen Ladies und hielt eine Ansprache. »Ladies, hört bitte her! Nachdem hier niemand seinen Parkplatz räumen will, ich aber keine Zwangsräumung durchziehen möchte, bitte ich euch, innerhalb der nächsten vier Wochen einen Plan zu machen, wer eine Fahrgemeinschaft bilden kann und wer letzten Endes seinen Parkplatz abgibt. Einen habt ihr schon mehr: Ich komme künftig zu Fuß ins Büro. Über meinen Platz könnt ihr verfügen.« Der anschließende Gang durch die Halle wurde begleitet von überraschten wie beschämten Blicken. Eine Kollegin rief noch in die Runde: »Also Mädels, die Chefin muss laufen, weil ihr euch nicht einigen könnt! Wo gibt's denn so was?!« Zum letzten Mal stieg ich in mein Auto und fuhr vom Büro nach Hause.

Der erste Tag war zum Kotzen. Der zweite auch. Am dritten wurde es noch schlimmer, weil zu meiner aversiven Grundhaltung gegenüber dem Gehen Regen hinzukam. Tag vier und fünf regte ich mich weiterhin auf, aber konditionell ging es schon besser. Die zweite Woche startete ohne Wut. Die Blöße, nämlich mit dem Auto zur Arbeit zu kommen, hätte ich mir sowieso nicht gegeben. Also half alles Jammern nichts. Schuhe an und durch. Tag für Tag wurde es besser: Brauchte ich zunächst fast eineinhalb Stunden, um das Büro zu erreichen, waren es nach drei Wochen nur noch vierzig Minuten. Ich entdeckte drei mir bis dahin noch unbekannte Cafés und neue Ecken in meiner Stadt, in der ich seit zwanzig Jahren wohnte, weil ich begann, meinen Weg zu variieren. Es kam sogar eine neue Bekanntschaft hinzu: ein Obdachloser, der des Öfteren an immer derselben Ecke saß. Erst warf ich ihm ab und an ein paar Groschen in die Mütze, dann folgten freundliche Morgengrüße und Gespräche. Zudem merkte ich, dass mir der Büromarsch nicht nur physisch guttat, sondern auch mein Hirn lüftete. In den vierzig Minuten ging ich nicht nur den anstehenden Tag durch, sondern entwickelte regelrecht neue Ideen. Völlig verrückt. Der Grund dafür war und ist: Inspiration. Leben. Das Leben der anderen. Ich nahm am Leben derer teil, die ich sonst niemals gesehen hätte. Ich sah auf einmal Situationen, die mir sonst verborgen geblieben wären.

Wir alle versuchen morgens mit möglichst wenig Widerstand und möglichst schnell durch die Stadt ins Büro zu kommen: raus aus der Wohnung, flugs ins Auto oder zur Straßenbahn. Die Fahrt über konzentriert am Steuer oder surfend vorm Smartphone. Aussteigen, Tür auf, »Guten Morgen, Büro!«. Abends wiederholt sich das Spiel in die andere Richtung. Schließlich ist der Weg zur und von der Arbeit verlorene Zeit. Das aber ist nur richtig, wenn man sie bereits vorher abschreibt. Durch das Gehen habe ich gelernt, die Augen zu öffnen, Neues zu entdecken, Bekanntes neu zu erleben und die Welt mit neuen Augen zu sehen.

Fast schon enttäuscht, dass meine morgendliche oder

abendliche Tour schon so schnell zu Ende war, fasste ich bald den Entschluss, früher aufzustehen und eine Extrarunde zu drehen. Mich weiter auf die Suche nach Ecken zu machen, die ich bis dahin noch nicht gesehen hatte. Bei der schönsten blieb ich hängen: das Wertachufer entlang. Je länger ich ging, umso mehr profitierte ich davon: Meine Kondition wurde besser, meine Figur straffer, ich hatte noch mehr Ideen im Kopf und war so ausgeglichen wie noch nie. Und dann wurde ich übermütig: »Wenn dir das Gehen so guttut, dann könnte am Laufen ja etwas dran sein«, dachte ich mir. Zwei Tage und eine Laufanalyse samt neuem Schuhkauf später lief ich los. Erst wenige Kilometer und langsam, dann schneller und weiter. Immer so, wie es mir gefiel. Tag für Tag. Bei jedem Wetter. Selbst wenn ich auf Reisen war, verzichtete ich gänzlich auf öffentliche Verkehrsmittel. Ich ging vom Hauptbahnhof ins Hotel, selbst wenn es zwölf Kilometer entfernt gelegen war.

Wusstet ihr, dass Wien, fernab der touristischen Punkte, eine wunderschöne Stadt ist? Hamburg hingegen hat mich schockiert. Überall arme und obdachlose Menschen, und das in der Reichenstadt! Für Berlin braucht man enorm viel Zeit, weil die Stadt selbst einen Radius von zweiundfünfzig Kilometer besitzt, und Dresden ist meine persönliche Elbliebe geworden. In Tübingen kann man Höhenmeter in nostalgischer Kulisse reißen und am Dümmer im tiefsten Niedersachsen die Lungen mit klarer Luft und das Hirn mit neuen Ideen füllen. Das alles durfte ich erleben auf dem Weg zur Arbeit. Eine Zeit, die wir möglichst schnell vorüberbringen wollen, anstelle sie zu genießen. Das Leben aber wollen wir alle genießen. Und dazu gehört jede Minute. Jeder Moment. Das erkannte ich und fand meine »Work-Lauf-Balance«.

*Grenzgänger kennen ihr Selbstvertrauen.*

# 24

## SCHONE DICH NICHT, SCHUFTE!

Diese verdammte Suche nach dauernder Balance, das permanente Streben nach innerer und äußerer Harmonie ist es, was in meinen Augen nicht nur Stress und Druck mit sich bringt, sondern richtiggehend Unzufriedenheit schürt. Das Anpeilen von Perfektion ist ein selbstzerstörerischer Mechanismus, weil es Vollkommenheit nicht gibt. Und trotzdem versuchen wir, diese zu erreichen. Wir üben nicht das Gute, sondern scheitern an Perfektion. Oftmals bereits am Willen daran. Deshalb machen wir immer weniger. Das nennen wir dann schonen, achtsam mit sich selbst umgehen oder Kräfte tanken.

Wofür aber Energie schöpfen, wenn wir sie nicht richtig auspowern? Denn aus dem Wunsch nach weniger Belastung schrauben wir immer mehr einen Gang zurück. So lange, bis wir im Standgas den Motor abgewürgt haben. Bequemlichkeit sei Dank. Die Achtsamkeit natürlich nicht vergessen.

Vor Kurzem las ich in einem Internettagebuch über Minimalismus und Mindfulness von einem Blogger, der – ernsthaft – Tipps gab, mit Gründungsstress besser umzugehen. Wortwörtlich stand dort: »Auch ich bin mit der Gründung meines Unternehmens derzeit beschäftigt. Nicht selten kommt es vor, dass ich dabei acht Stunden, manchmal sogar die ein oder andere Überstunde, in der Firma verbringe.« Acht Stunden? Überstunden? Ist da die halbe Stunde Mittagspause bereits abgezogen, fragt man sich. Und das ist ein leidenschaftlicher Unternehmer, in der viel besagten heißen Gründungsphase? Ganz ehrlich: Ich brach in schallendes Gelächter aus. »Was für ein Jammerlappen!«, dachte ich mir und erinnerte mich an die letzten drei Tage vor der ersten Lieferungsdeadline bei manomama während der Gründungsphase. Zweiundsiebzig Stunden habe ich durchgearbeitet. Fuck off, Achtsamkeit! Hier geht es um eine Vision für mich – und viele andere! Diesem Arbeitsmarathon sind ungefähr zwölf Wochen mit nicht mehr als drei Stunden Schlaf täglich vorangegangen.

Dieses Extrem muss man nicht gutheißen, und es ist nicht für jeden in der Ausprägung nachahmenswert, weil jeder Mensch eine individuelle Belastungsgrenze hat. Aber selbst heute bin ich der Meinung: Hätte ich diesen Raubbau an mir nicht begangen, wäre manomama nicht aus der Taufe gehoben. Und dazu stehe ich. Ebenso, dass ich dieses eigene Verweichlichen unter dem achtsamen Schondeckmäntelchen für kontraproduktiv halte, wenn man im Leben etwas reißen möchte. Und das möchten wir alle, privat wie beruflich. Nietzsche hat es einst schön formuliert, nur scheint heute diese Wahrheit gänzlich vergessen zu sein: »Wer sich stets zu viel geschont hat, der kränkelt zuletzt an seiner vielen Schonung. Gelobt sei, was hart macht!«

Richtig, gelobt sei, was hart macht. Es macht uns nämlich widerstandsfähiger. Wer sich zu sehr schont, verkümmert. Fast jeder kennt das Gefühl, wenn nach zwei Wochen Gipsbein wieder der erste Schritt gemacht werden muss. Die Schonung durch das Ruhigstellen war nötig, um die Genesung und das vollständige Ausheilen der Verletzung zu gewährleisten. Dann aber werden wir vom Physiotherapeuten angetrieben, alle Kraft hineinzustecken, um uns selbst wieder auf die Beine zu bringen. Schonung ist hier fehl am Platz! Kopfschmerzen und Rückenbeschwerden finden ihren Ursprung, indem wir vor dem Bürorechner verkümmern. Wir bewegen uns zu wenig, wir achten nicht auf eine gesunde Haltung. Wenn Mediziner heute über Volkskrankheiten reden, sprechen sie von Haltungsschäden, weil das falsche Schonverhalten das Zusammenspiel des ursprünglich Angedachten stört und schädigt, bis es zum Stillstand kommt.

Unser Körper kann dabei sinnbildlich für alles genommen werden, was ein abgestimmtes Ineinandergreifen benötigt. Wer sich im Beruf als Mitglied eines Teams weniger einbringt, als es seinen Möglichkeiten entspricht oder als von ihm erwartet wird, strapaziert den im Kontext stehenden Rest: seine Kollegen. Eine Weile gehen diese die Mehrbelastung mit und fangen damit die Schonhaltung des Kollegen ab. Irgendwann aber werden die Haltungsschäden sichtbar: stets wachsende Überforderung seiner selbst, da man durch die eigens auferlegte Schonung geradezu verlernt hat zu arbeiten. Gleichzeitig geht dies einher mit größer werdender Ablehnung im Team. Niemand nämlich will dauerhaft eine vermeintlich faule Socke mitziehen.

Im Fall des zitierten Jungunternehmers ist eine achtsame Schonhaltung schon vor Gründung eines Unternehmens der Garant fürs Scheitern. Mit Ansage. Um Neues zu gestalten, nahezu Unmögliches Realität werden zu lassen und die eigenen Träume zu verwirklichen, bedarf es vieler Tropfen Schweiß und Tränen. Niemals wurden Gipfel erklommen bei moderatem Ruhepuls und harmonischer Sauerstoffzufuhr. Im Gegenteil: Je höher man auf den Berg steigt, umso dünner wird die Luft. Fast atemlos und mit rasendem Herzen, voller Endorphine und Adrenalin geschieht der letzte Schritt aufs alpine Spitzenplateau. Dies zu erreichen geschieht nicht durch ausgewogene Schonung, dafür muss man hart schuften. Umso mehr freut man sich anschließend auf die Ruhephase. Diese nämlich hat man sich mehr als verdient.

Das meines Erachtens Gefährliche an dem Konzept der ausdrücklichen Schonung ist, dass es verdammt schwer wird, sie wieder abzulegen. Zu schnell übermannt sie uns, weil sie uns vorgaukelt, in dem jeweiligen Moment gutzutun. Einen Augenblick außer Acht gelassen und – schwups – bekommen wir Besuch von ihrer Schwester: der Bequemlichkeit.

Hat sie Einzug in unser Leben gehalten, wird es sehr schwer, zuweilen nahezu unmöglich, sich aus den Fängen der fiesen Faulheit zu befreien. Versuche, aktiver zu werden, scheitern, und am Ende resigniert man und gibt sich selbst damit auf.

Indem ich jegliche anstrengende Bewegung vermied, wollte ich mich selbst nach einem anstrengenden Arbeitstag schonen. Diese falsch verstandene Schonhaltung brachte nur einen Gewinn hervor: Gewicht. Die Bequemlichkeit steuerte dann dazu, dass meine Speckrollen auch noch Jahresringe ansetzten. Selbstverständlich versuchte auch ich, hin und wieder etwas dagegen zu tun, aber die Halbherzigkeit gewann gegenüber der Ernsthaftigkeit mit zunehmender Resignation. Endstation Faulheit, bitte alle aussteigen! Aber ich blieb sitzen, weil es viel zu mühsam gewesen wäre, meinen dicken Hintern zu bewegen. Viele Jahre, viele weitere Ringe. Aus anfänglicher Schonung habe ich mir letzten Endes sehr viel wertvolle Lebenszeit und Erfahrungen, Erlebnisse und Bereicherungen genommen. Denn es ist richtig: Wer rastet, der rostet! Heute liebe ich es, ordentlich

Gas zu geben und meine Leistungsgrenze jedes Mal aufs Neue auszureizen, denn es verschafft mir doppelte Freude: ein unglaubliches Glücksgefühl dank einer Extraportion Endorphine und ein völlig neuer Genuss von verdienten, faulen Phasen. Diese gibt es nicht geplant, sondern sie passieren. Nach getaner Arbeit. Nach dem Erledigen der Aufgaben. Nach dem Auspowern beim Sport.

Wer sich nur schont und niemals richtig Gas gibt, wird seine Grenzen nie erfahren. Diese aber sind enorm wichtig, um den eigenen Leistungsrahmen zu kennen. Und zu respektieren. Es reicht nämlich nicht, sich selbst zu kennen, seine Stärken und seine Schwächen herauszuarbeiten, man muss auch vertraut mit dem eigenen Rahmen sein, um dauerhaft ein zufriedenes Leben führen zu können. Und: verändert man sich, ändern sich ebenfalls die Grenzen. Es ist ein permanenter Prozess, das eigene Handlungsfeld zu ermitteln und die Pfosten neu zu stecken. Besonders fiel es mir im Sportlichen auf: Als mein Laufen immer besser ging, verspürte ich zunehmend weniger Glückshormone. »Du kannst ja nicht täglich zwanzig Kilometer joggen«, sagte ich mir. Meine Grenzen hatten sich verschoben und mit ihnen meine Leistungsfähigkeit. Die täglichen Kilometer wurden mir zu langweilig. So entschloss ich mich, einen weiteren Schritt zu tun: noch schneller voranzukommen bei größerem Kraftaufwand. Meine Rennrad-Leidenschaft wurde geboren. Hierin fand ich mein persönliches Optimum an Sport: körperliche Höchstleistung bei gleichzeitiger geistiger Maximalentspannung. Ein Rennrad nämlich ist für mich kein Sportgerät, es ist eine Reflexionsmaschine. Während die Welt an dir vorbeirauscht, verlierst du dich in deiner und reflektierst, ob sie so ist, wie sie sein sollte. Das Laufen hingegen wird immer mein

Grenzermittler sein, denn es trägt viel Symbolik für mich. »Wie weit kann ich gehen? Wie weit tragen mich meine Beine und mein Kopf?«

In wenigen Tagen packe ich einen kleinen Rucksack und werde die Antwort darauf erhalten. Wenn ich abends um fünf Uhr loslaufe, um meinen ersten und einzigen Hundert-Kilometer-Lauf zu starten. Entweder wird es zu viel sein, oder aber es folgt ein neues Vorhaben, um meine Grenzen zu finden. Ich brauche sie, für mein Selbstvertrauen. Und dafür lohnt es sich zu schuften. Schonungslos.

*Wenn man weiß, wer man ist,*
*verwechselt man Befriedigung*
*nicht mehr mit Zufriedenheit.*

# 25

## SPIEGLEIN, SPIEGLEIN …

Er war einer der klügsten Köpfe unserer Zeit, und ich schätze ihn sehr: Roger Willemsen. Er traf den Nagel auf den Kopf, indem er sagte: »Viele, die sich auf den Weg der Selbstfindung machen, sind ängstlich, sie könnten ankommen.«

Obwohl unsere Sehnsucht groß ist und der innere Druck immer stärker wird, bleiben wir stehen: vor dem Anfang. Wir überhören jeden Startschuss und hoffen, dass das Leben einigermaßen unfallfrei verläuft. Dabei zieht es an uns vorbei. Wir sehnen uns nach Zufriedenheit, begnügen uns aber mit Befriedigung. Wir eifern dem großen Glück nach und erkennen dabei nicht, dass es die Summe vieler kleiner glücklicher Momente ist. Wir fordern eine Veränderung der Welt, trauen uns jedoch nicht, uns zu verändern. Genau das aber braucht es: Wir müssen bei uns selbst beginnen. Es ist nicht wichtig zu wissen, was man hat oder darstellt, sondern wer man ist. Wer sich kennt, kann verändern: sich selbst und die Welt. Und die braucht es, das wusste schon Bertolt Brecht: »Verändere die Welt, denn sie braucht es.«

Vor Kurzem nahm mich Miriam, die seit nunmehr fünfzehn Jahren treu an meiner Seite ist, zur Seite. »Ich wollte dir längst einmal sagen, dass du ein völlig anderer Mensch geworden bist, Sina!« Sie lächelte. Ich tat es ihr gleich und antwortete: »Ich weiß.«

Als ich früher in den Spiegel blickte, sah mich eine starke Frau mit forschem Blick an. Wenn ich heute in den Spiegel schaue, sieht eine noch stärkere Frau tief in mich hinein. Denn die Schönheit liegt im Herzen des Betrachteten. Auch bei sich selbst. Ich bin verliebt. In mein Leben. Und dankbar. Jeden Tag aufs Neue.

# ANFANG

# 26

# BONUSTRACK

*Eine meiner liebsten Erzählungen ist die des »Kleinen Prinzen« von Antoine de Saint-Exupéry. Zwischen Geschäftskonzepten und Sachbüchern schreibe ich oft Fabeln, Märchen oder Lyrik. Kleine Fetzen Text, die Mut machen sollen. Wie dieser.*

**Der große König**

»Wenn man sehr traurig ist, hat man Sonnenuntergänge besonders gern«, dachte sich der König. Schon als kleiner Prinz liebte er diesen melancholischen Moment und musste den Stuhl auf seinem Planeten nur ein Stückchen rücken, um die Dämmerung selbst dreiundvierzigmal mitzuverfolgen. Heute sitzt er als König in seinem Reich. Er gilt als milder Herrscher, uneitel, hilfsbereit und großzügig. Das Stühlerücken funktionierte nicht mehr, und so trieb es ihn an das Meer, wenn die Melancholie ihn heimsuchte. Eines Tages, der König war abermals betrübt und sah in die grenzenlose Unendlichkeit des Horizonts, gesellte sich ein Altbekannter zu ihm.

»Was lässt deinen Blick schweifen?«, fragte der Fuchs.

»Die Sehnsucht«, sagte der König. »Ich stelle mir vor, hinter dem Horizont läge eine Insel mit dem wahren Wichtigsten.«

»Dann lege deine Robe ab und schwimme los!«, antwortete der Fuchs.

»Warum sollte ich schwimmen, wenn ich keine Sicherheit habe, dort zu finden, was ich mir wünsche?«, sagte der König.

»Weil du unglücklich wirst. Und unglücklicher. Am Ende wirst du ein willkürlicher, gleichgültiger Herrscher. Du wirst dein Ende leben, bevor dein Leben endet. Schwimm los, König! Das Einzige, was du brauchst, ist Mut!«, erwiderte der Fuchs.

Der König war erbost. Niemand zuvor hatte es gewagt, dem Herrscher Feigheit vorzuwerfen.

»Ich führe Kriege für mein Volk und halte es in Sicherheit! Ich sorge für jeden Einzelnen und herrsche mit meinem Volk in Frieden!«

»Das alles aber ist kein Mut, verehrter König!«, unterbrach ihn der Fuchs. »Es ist deine Pflicht!«

Aus des Königs Gesicht blitzten des Prinzen fragende Augen.

»Mut«, fuhr der Fuchs fort«, »ist die Liebeserklärung an dein eigenes Leben. Du brauchst ihn nur dann, wenn du entscheidest, dich glücklicher zu machen.«

Der König lauschte dem Fuchs weiter.

»Sehnsucht ist das Kind der Liebe und Pflichtbewusstsein das Kind der Unzufriedenheit. Beides treibt dich ans Meer.«

»Wenn ich mich aber glücklicher mache, dann wird mein Volk mich verachten, und ich werde leiden!«, warf der König ein.

Der Fuchs lächelte.

»Dein Schmerz und die Schmach der anderen werden vergessen sein, wenn du hinter dem Horizont angekommen bist.«

Auf einmal spürte der König eine wachsende Kraft, und der kleine Prinz stieg in das Meer und schwamm los.

# DANK

An erster Stelle danke ich dem Leben. Denn es ermöglichte und ermöglicht mir, mit wundervollen Menschen zu leben, zu arbeiten und von ihnen zu lernen.

Snuggo
Mein Filius. Der Erste, der jedes Kapitel liest. Und bei einem sagte: »Mama, eigentlich bist du gar nicht hobbylos! Du schreibst Bücher!« – Schlaues Kerlchen.

Siegfried Hasler
Er war mein erster »Chef« und zugleich Redaktionsleiter der *Schwabmünchner Allgemeinen.* Dass ich heute schreibe, verdanke ich ihm. Er nämlich zeigte mir mein Talent auf und lehrte mich mit dreizehn Jahren, wie man schreibt.

Jürgen
Weils Schätzle einfachs Schätzle ist. Und bleibt.

Simon Diefenbach
Eigentlich Bücherratte (hüstel, Literaturwissenschaftler!) und Redakteur, ist zu meinem kritischen Sparringspartner und wertvollen Wegbegleiter geworden.

SUM aka Stefan Ulrich Meyer
Ein Buch lang dauerte es, bis die klischeereichen Cordhosen eines Sachbuchleiters gegen Biojeans ausgetauscht waren. Seit dem zweiten sind wir per Du. Mit dem dritten verspreche ich: »Es wird keinen anderen Vater meiner weiteren Bücher geben!«

Nadine Lipp
Sie hat alles, was eine Lektorin auszeichnet, und meine Manuskripte danken es ihr: Akribie und ein Gespür für Struktur. Auch bei Buch Nr. 2!

Meine Füße
Sie trugen mich die hundert Kilometer. Schrieb ich im Buch noch von einem ersten und einzigen Ultralauf, denke ich langsam … ach was.